Liderança Sistêmica

Coordenação
Marcos Wunderlich
Andréia Roma

Editora Leader

Copyright© 2019 by Editora Leader
Todos os direitos da primeira edição são reservados à Editora Leader

Diretora de projetos
Andréia Roma

Revisão:
Editora Leader

Capa
Editora Leader

Projeto gráfico e editoração:
Editora Leader

Livrarias e distribuidores:
Liliana Araújo

Atendimento:
Rosângela Barbosa, Érica Rodrigues
e Juliana Corrêa

Organização de conteúdo:
Tauane Cezar

Diretor financeiro
Alessandro Roma

Dados Internacionais de Catalogação na Publicação (CIP)
Bibliotecária responsável: Aline Graziele Benitez CRB-1/3129

L68 Liderança sistêmica / [Coord.] Andréia Roma, 1.ed. Marcos Wunderlich . – 1 Ed. – São Paulo: Leader, 2019.

ISBN: 978-85-5474-049-8

1. Liderança - sistêmica. 2. Influência. 3. Gestão.
4. Negócios - pessoas. 5. Administração de empresas.
I. Roma, Andréia. II. Wunderlich, Marcos. III. Título.

CDD 303.34

Índices para catálogo sistemático:
1. Liderança: sistêmica
2. Influência: gestão
3. Negócios:pessoas
4. Administração de empresas

2019
Editora Leader Ltda.
Rua Nuto Santana, 65, sala 1
02970-000 – São Paulo – SP – Brasil
Tel.: (11) 3991-6136
andreiaroma@editoraleader.com.br
www.editoraleader.com.br

Apresentação do Projeto

Este é um livro que chega para enriquecer nosso portfólio, porque oferece informação de qualidade a nosso público leitor. Sua importância pode ser constatada através do conteúdo trazido por estes coautores, especialistas de renome, que apresentam diversos pontos de vista sobre a Liderança Sistêmica.

Publicar um livro com assunto tão atual e com rigor científico foi possível graças à colaboração de Marcos Wunderlich, que assina a coordenação ao meu lado. E por isso começo meus agradecimentos por ele, que tão bem define no capítulo inicial o que é Liderança Sistêmica: "É a capacidade de conduzir e obter resultados no mundo disruptivo, cada vez mais complexo", e parte do princípio de que a empresa é um sistema. O capítulo *Liderança Sistêmica Tensorial* foi escrito por Wunderlich e Renato Klein, presidente executivo e diretor científico do Instituto Holos de Qualidade, respectivamente.

Meus profundos agradecimentos a todos os coautores que compartilham seus conhecimentos e contribuem com um mercado editorial dinâmico e de qualidade, que beneficia os próprios escritores, os leitores e as organizações, pois terão profissionais cada vez mais qualificados.

Quero aqui agradecer a participação de cada um dos coautores por seu profissionalismo e pela maneira clara e objetiva ao escrever temas tão complexos:

Ana Paula Rodrigues Bohn e Rogério Bohn falam sobre a figura do líder e *A essência da Liderança*, seus desafios nas crises e a eficácia da comunicação.

O Mindset do líder sistêmico assumindo a liderança das transformações foi o tema escolhido por Andréa Pauli, que destaca que "o maior poder de influência de um líder se estabelece a partir do território de sua própria mente".

Ângela Brun aborda em seu capítulo *Constelação organizacional alicerçada na neurociência* as diversas estratégias da Liderança Sistêmica e a Constelação Organizacional sistêmica, entre outros tópicos.

Antonio Celso Tavares fala sobre *Liderança* como competência social libertadora, com o objetivo de suscitar uma reflexão sobre o papel da liderança nestes novos tempos de consumismo e tecnocracia dentro de uma visão sistêmica.

Já Bruno Andrade fala sobre *Produtividade, degrau para o sucesso*, oferecendo ao leitor ferramentas para auxiliá-lo a produzir os melhores resultados de seu trabalho no menor tempo possível, não deixando a qualidade de lado em nenhum momento.

Cidinho Marques contribui para a obra com *O uso de Mindfulness nos Processos de Coaching*.

O papel da liderança na formação de valores é o tema apresentado por Daniela Fontes, que questiona: "Qual a sua missão como líder? Que tipo de líder é você?"

Debby Forman traz o capítulo *Essência é Essencial – Liderança sistêmica na visão da neurociência*, e nos explica que "Liderança Sistêmica trata do todo do ser humano, desde a sua essência até a execução de tarefas específicas".

Débora de Moraes propõe em seu capítulo "um passeio heurístico por diferentes abordagens a fim de refletirmos como e quanto olhamos para nós mesmos e a relação direta com nosso papel de acompanhante, seja como terapeuta, coach, cuidador".

Dimitrius Asvestas trata em seu capítulo *Mapeamento da vida - O caminho da liderança* sobre autoconhecimento, sem o qual não há como exercer o papel de líder.

Pensamento sistêmico – um novo patamar para a liderança foi o tema desenvolvido por Flávio Feltrin, que nos indica como liderar no cenário dinâmico, complexo, em rede, instável, imprevisível que temos atualmente.

Jéssica Asvestas participa com a abordagem *Um olhar para si – Você é o todo*, em que afirma que "Liderança não é cargo, é atitude!"

Laerte Angellus nos fala sobre *O papel do gestor perante a Liderança Sistêmica,* em que destaca o papel do líder moderno.

Quais são os valores? é o que questiona Mara Fernandes em seu texto, referindo-se aos valores que cada membro de uma equipe traz para a empresa e os que a empresa leva para seus colaboradores.

Paula Miranda destaca que seu capítulo *Visão sistêmica na liderança de um departamento de vendas através da comunicação assertiva* é um convite à expansão do conceito de visão sistêmica na liderança através da comunicação simples e efetiva, tanto com equipes quanto com clientes e parceiros.

Seguimos com Robèrtá Rovêda, que contribui com o capítulo sobre *Construindo um Mindset Sistêmico: a partir da experiência de liderança,* onde afirma que construir um modelo mental sistêmico é cada vez mais essencial!

Rosane Sampaio traz, por exemplo, a análise da Espiral Dinâmica Definindo líderes naturais. Ela explica que esse modelo mostra que o ser humano tem três tipos de valores.

Temos Suzi Mendes falando em seu capítulo sobre a grande necessidade de aprendermos a equilibrar a individualidade e o todo. E aponta que isso é uma liderança com visão sistêmica, que consequentemente leva a uma atitude comportamental de liderança cooperativa.

Consciência – Um desenvolvimento positivo foi o tema escolhido por Thati Correia para quem um novo tipo de consciência está nascendo, despertando e se adaptando às necessidades sociais, pessoais, culturais e corporativas.

Como se pode constatar pelos assuntos trazidos por nossos coautores, que você conhecerá melhor ao ler seus capítulos e seus currículos, a abordagem da Liderança Sistêmica foi bastante ampla.

Para finalizar, agradeço a todos que colaboraram para a realização desta obra, à minha equipe, a Deus, e a você, leitor, que é nossa razão de existir e empreender.

Boa leitura!

Andréia Roma
CEO e coordenadora de
projetos da Editora Leader

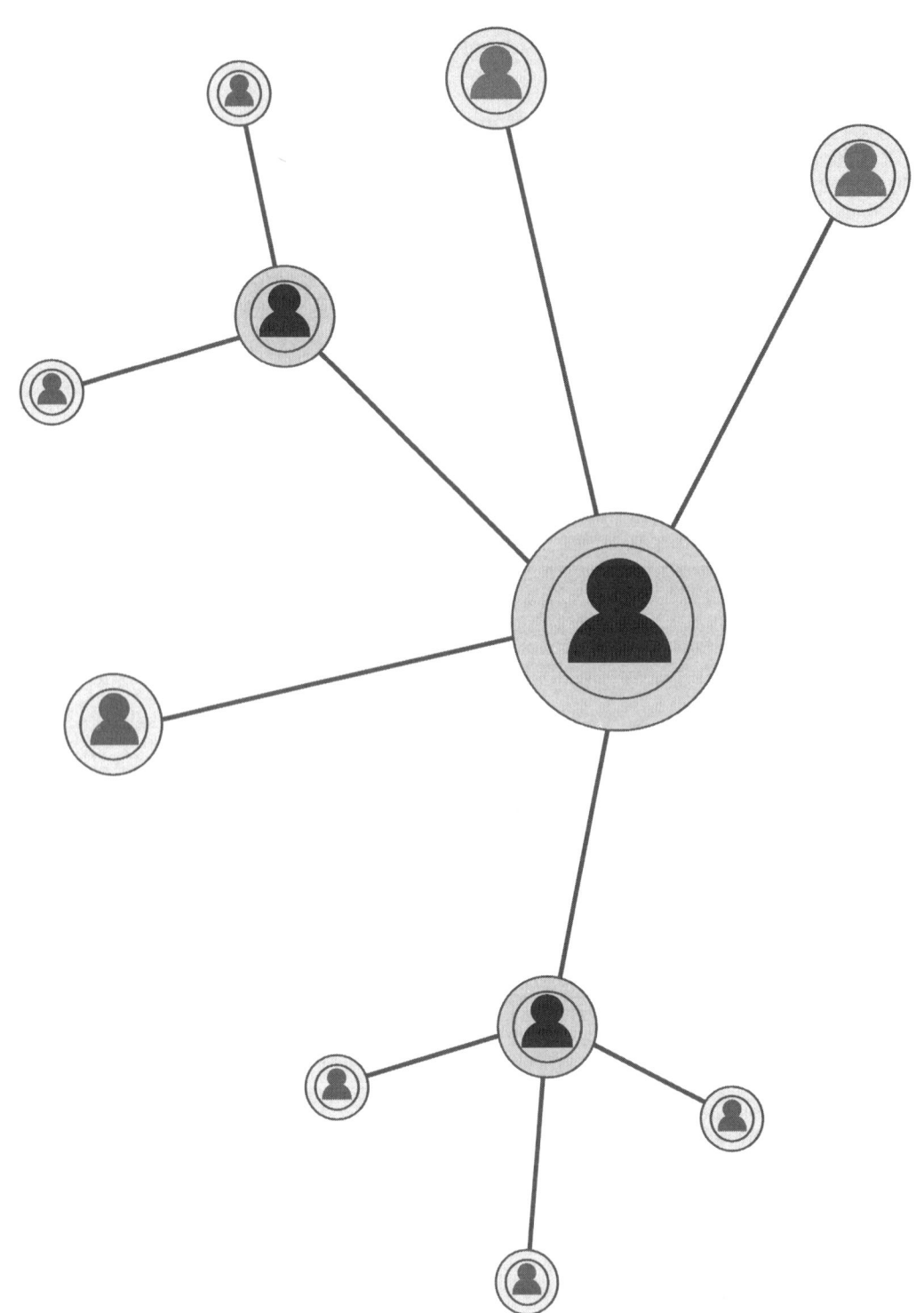

Sumário

Liderança sistêmica tensorial
Marcos Wunderlich e Renato Klein 09

A essência da liderança
Ana Paula Rodrigues Bohn e Rogério de Moraes Bohn 23

O Mindset do líder sistêmico
Andréa Pauli 31

Constelação organizacional alicerçada na neurociência
Angela Maria Reginaldo Brun 41

Liderança como competência social libertadora
Antonio Celso Tavares 49

Produtividade, degrau para o sucesso
Bruno Andrade 59

O uso de Mindfulness nos processos de Coaching
Cidinho Marques 69

O papel da liderança na formação de valores
Daniela Fontes...77

Essência é essencial
Debby Forman 87

Caminhando para uma ecologia pessoal, com o outro e com o todo
Débora de Moraes..97

Mapeamento da vida - O caminho da liderança
Dimitrius Asvestas... 107

Pensamento sistêmico - Um novo patamar para a liderança
Flávio Feltrin... 117

Um olhar para si - Você é o todo
Jéssica Sonoda Asvestas.. 127

O papel do gestor perante a liderança sistêmica
Laerte Angellus 135

Quais são os valores?
Mara Fernandes 145

Visão sistêmica na liderança
Paula Miranda... 155

Construindo um Mindset sistêmico
Robèrtá Rovêda 163

A construção de lideranças eficientes
Rosane Sampaio 173

Liderança sistêmica
Suzi Mendes.. 183

Consciência - Um desenvolvimento positivo
Thati Correia... 193

Liderança sistêmica tensorial

Marcos e Renato

Marcos Wunderlich

Presidente executivo do Instituto Holos de Qualidade.

Especialista em Liderança Transformacional e precursor na Formação em Mentoring, Coaching e Advice Humanizado no Brasil com visão holossistêmica e complexa, nos níveis Professional, Master e Advanced.

Pesquisador do comportamento e mente humana, criador do Sistema ISOR® de Desenvolvimento de Pessoas e Organizações.

Consultor, *master mentor e coach*, tem mais de 30 anos de experiência profissional.

Consultor internacional CMC – Certified Management Consultant.

Filiado ao ICF (International Coach Federation) e outras organizações nacionais e internacionais.

Coautor e coordenador editorial de diversos livros.

Renato Klein

Diretor Científico do Instituto Holos de Qualidade, mentalizador e cocriador do Sistema ISOR® de Desenvolvimento de Pessoas e suas Organizações. Mestre em Psicologia Social, doutor em Sociologia das Organizações Complexas e em Ciências Sociais.

Pesquisador do pensamento sistêmico e complexo e da nova visão do Futuro Emergente — o que lhe confere autoridade na transformação do pensamento empresarial e surgimento de novas lideranças no Brasil.

Professor convidado em cursos de pós-graduação em Consultoria Organizacional e Coaching em diversas universidades.

Liderança sistêmica tensorial

O Despertar para a Liderança Sistêmica

A Liderança Sistêmica é a capacidade de conduzir e obter resultados no mundo disruptivo, cada vez mais complexo. O olhar sistêmico é um paradigma em que vemos a inter-relação e a interdependência dos diferentes componentes de um Sistema. Um determinado subsistema se relaciona com todos os outros subsistemas e estes formam um sistema maior, o qual novamente será um subsistema junto com outros subsistemas de um sistema ainda maior e assim por diante, até chegarmos ao Sistema Universo ou, inversamente, um subsistema contém vários outros subsistemas e assim sucessivamente, até chegarmos às partículas subatômicas para além do vácuo quântico. A Liderança Sistêmica está muito próxima ou mesmo se confunde com a denominada Liderança Renovadora, mentalizada por Joseph Jaworski (autor do livro *A Fonte*), Peter Senge, Otto Scharmer e outros, todos integrantes do MIT (Massachusetts Institute of Technology) e que estão revolucionando a Liderança Mundial com a introdução da Sabedoria de Campo, da Teoria U com Mente Aberta, Coração Aberto e Vontade Aberta, e outras metodologias, como Presencing e Mindfulness.

Partimos do princípio de que a empresa é um SISTEMA, isto é, um conjunto de elementos inter-relacionados que interagem no desempenho de suas funções. Uma empresa é um todo, como um ser vivo, que integra todas as suas partes, como órgãos de um organismo único, no qual cada parte (órgão, célula) interage com o todo e é responsável pela vida de todo o organismo.

Na figura abaixo, representamos as diversas propriedades inter-relacionadas de um Sistema, que processa as entradas e produz as saídas. Neste artigo, apenas citaremos, numa breve explanação, as diferentes propriedades, e vamos explicar com mais detalhes o último componente, que são as oito potencialidades que formam o que chamamos de Liderança Sistêmica Tensorial.

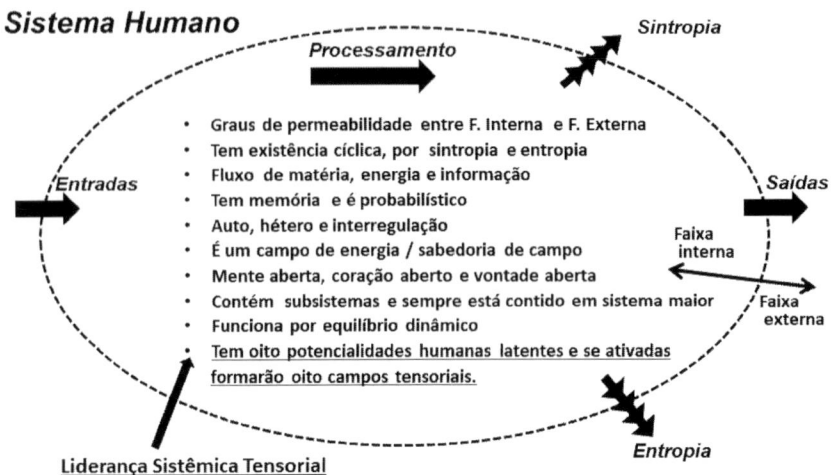

Olhando a empresa como um Sistema, podemos destacar algumas de suas diferentes características:

■ **Graus de permeabilidade entre Faixa Interna e Faixa Externa** — tudo num sistema está permeável, tudo se interliga. Cada parte, cada setor está interligado com tudo no seu interior, onde influencia e é influenciado por todos os sistemas em seu entorno. Uma empresa também é permeável, isto é, também influencia e é influenciada por tudo o que a envolve.

■ **Tem existência cíclica por sintropia e entropia** — nada é permanente, é um ser pulsante, em ciclos de altos e baixos, com desgaste e gerando resíduos (entropia), transformando-se e incorporando novos elementos em busca de evolução (sintropia). A empresa é cíclica, com altos e baixos, e tem um tempo maior ou menor de vida.

- **Fluxo de matéria, energia e informação** — tudo está em permanente fluxo, em movimento, seja por desgaste energético, seja por acumulação de mais energia, e tudo está em constante comunicação, não havendo nada isolado. Tudo que se isola acumula entropia e caminhará para ser descartado, servindo de insumo para outros sistemas. A empresa está sempre em movimento, com aquisição e com desgaste entrópico de energia.

- **Tem memória e é probabilístico** — toda a história do sistema cria memória, que nele se acumula e gera influência, geralmente sutil e subconsciente. Nada ali é definitivo e absolutamente certo, a cada passo algo surpreende. O futuro é sempre probabilístico e todo planejamento precisa levar em conta essa incerteza presente em cada ação e decisão. A empresa tem uma história e está sujeita às probabilidades e incertezas próprias de todo sistema.

- **Auto, hétero e inter-regulação** — todo sistema dispõe de mecanismos de autorregulagem em busca da homeostase ou equilíbrio, bem como provoca hétero-regulagem, isto é, atua sobre os sistemas com os quais se relaciona, bem como é regulado pelos sistemas que o envolvem. Uma empresa necessita de regulagem atenta sobre si mesma e exerce influência sobre outras, bem como é sempre influenciada por outras organizações.

- **É um campo de energia** — todo sistema, como uma empresa, é um campo energético com entradas, processamento e saídas, sempre regulada interna e externamente.

- **Mente aberta, coração aberto e vontade aberta** — nos Sistemas, podemos usar três níveis de profundidade para gerenciar seu processo decisório, utilizando explicitamente a Teoria U, de Otto Scharmer. A empresa também se gerencia pelos passos da Teoria U, de forma explícita ou implícita.

- **Todo sistema contém subsistemas e está sempre contido em um sistema maior** — faz parte de inúmeras redes de conexões, todas atuando simultaneamente de forma interligada, e é sempre parte de um sistema maior. Uma empresa é um sistema onde tudo está interligado e é subsistema de algum sistema maior.

- **Funciona por equilíbrio dinâmico** — todo sistema está sempre sob tensão entre a entropia e a sintropia, mas buscando sempre manter sua homeostase (equilíbrio energético). Uma empresa não é estática, funciona sempre em busca de equilíbrio entre crescimento e desgaste.

■ **Tem potencialidades humanas latentes** as quais atuam como subsistemas de energia que geram novos campos tensoriais e se transformam **na Liderança Sistêmica Tensorial**. Uma empresa tem sempre uma reserva infinita de energias latentes, capazes sempre de gerar novas áreas de atuação e novos negócios.

O que é Liderança Sistêmica Tensorial e Campo Tensorial?

A Liderança Sistêmica atua nos Sistemas Complexos e a Liderança Sistêmica Tensorial é a própria Liderança Sistêmica, atuando com foco maior na forma sutil de energia e que exerce grande influência em todo Sistema criado pelo ser humano. É um componente ainda bastante desconhecido no mundo acadêmico e corporativo, mas de vital importância na gestão e liderança de processos sob a visão sistêmica.

O termo Campo Tensorial tem origem na definição de Tensor - dada pelo físico Einstein –, que pode ser entendido como uma espécie de "clima" ou uma frequência energética: algo que não pode ser visto ou tocado, mas que está presente num determinado campo.

Vamos explicar melhor: por exemplo, acontecimentos como uma reunião, um jogo de futebol, o convívio familiar, uma missa, ou uma empresa, loja, trânsito, relacionamento a dois, ou qualquer acontecimento, sempre ocorre dentro de um determinado espaço ou campo, e este campo contém um determinado "clima", que é criado pela energia dos diversos componentes, a que chamamos de Campo Tensorial. Este é altamente dinâmico, segundo o movimento e as constantes mudanças dos componentes do campo. Isso quer dizer que cada pessoa, cada grupo, cada empresa tem um movimento próprio, que gera um campo tensorial próprio, como uma frequência ou assinatura energética própria.

O Campo Tensorial é algo sutil, só é possível senti-lo ou captá-lo pela sensibilidade, mas é difícil de explicar. Numa empresa, por exemplo, ou em um setor da empresa, o ambiente pode ser positivo, alegre, com as pessoas se relacionando bem. Um tensor assim gera a base para que ocorra produtividade e pouco estresse.

Mas, quando o tensor é pesado, quando as pessoas estão de cara amarrada, pouco se relacionam e são grosseiras umas com as outras isso cria baixa produtividade e estresse.

Através desses dois exemplos acima, podemos afirmar uma máxima, quando lidamos com o campo tensorial, que diz: o tensor governa e determina os acontecimentos, ou seja, resultados, qualidade ou produtividade apenas acontecem na empresa se houver um campo tensorial positivo correspondente, que favoreça ou induza a estes resultados. **Ou seja, se queremos que algo se manifeste, precisamos antes de mais nada criar o tensor correspondente.**

Como se forma um campo tensorial?

Um campo tensorial se forma a partir da interação da energia dos componentes do campo, ou seja, as atitudes das pessoas, seus pensamentos e paradigmas, sua energia pessoal. A ativação de potencialidades, bem como os componentes físicos, condições locais e climáticas e outras variáveis acabam formando uma mediana dos tensores, ou seja, o campo tensorial próprio, segundo essas condições.

Sendo as empresas sistemas vivos, elas têm em suas células e em seus órgãos uma reserva imensa de energia potencial, das quais apenas uma parte diminuta é ativada. As empresas precisam da mais alta performance no sentido de incentivar e ativar as potencialidades latentes em todo seu corpo funcional.

A proposta da Liderança Sistêmica Tensorial

Ativar Oito Potencialidades para criar Oito Campos Tensoriais que embasem a obtenção de melhor funcionalidade e fluidez interna, com o objetivo de obter **prosperidade, solidez, alta performance e qualidade de vida.**

Essas oito potencialidades podem ser ativadas pela autoconscientização de sua existência intrínseca e por ferramentas práticas. Quando ativadas, teremos a manifestação de um Campo Tensorial correspondente a cada Potencial despertado, o qual por sua vez será a base profunda para a obtenção de acontecimentos ou ações coerentes. (Lembre-se sempre: o tensor conduz a ordem dos acontecimentos, nada acontece se não houver um tensor ou Campo Tensorial correspondente!)

Ativar as potencialidades latentes significará obter a **prosperidade**, que vem do latim *prosperitate* e indica um estado ou qualidade de próspero, feliz, abastado, daquilo que está em plena ascensão; aponta um conjunto de situações envolvendo saúde física, mental, financeira, ambiental e social. Em síntese, é uma organização saudável em todos os sentidos e áreas, em todos os seus subsistemas.

Solidez, por sua vez, indica que a empresa tem raízes firmes, já testadas em situações difíceis, buscando cada vez mais qualidade de vida para seus acionistas e colaboradores através de alta performance de gestão e liderança.

É na busca de evolução contínua e melhores resultados que proponho aqui que essas energias latentes do potencial humano se direcionem para a criação de OITO CAMPOS TENSORIAIS integrados entre si, que poderão dotar o Sistema Empresa de energia extra de melhorias e facilitações, independentemente de sua estrutura organizacional e hierárquica atual, que continuará funcionando naturalmente.

Potencial interno com Consciência + Ferramentas = Campo Tensorial

Potencial Humano	Consciência de	+ Ferramentas	Campo Tensorial
Distinção	Discernimento	Dinâmica Mental	**Paradigmas**
Entendimento	Conhecimento	Preparação	**Dimensionamento**
Condução	Centramento	Gestão	**Regulação**
Conexão	Relacionamento	Sinergia	**Interação**
Previsão	Condução	Liderança	**Direção**
Sobrevivência	Recursos	Operacionalização	**Realização**
Vontade	Aprendizagem	Desenvolvimento	**Incorporação**
Superação	Evolução	Transformação	**Transcendência**

Ativação dos Campos Tensoriais — C.T. — nas Organizações

Podemos olhar uma empresa ou qualquer organização através dos **oito tensores básicos** sendo que cada um contém e está contido em todos os demais tensores, formando um todo energético impulsionado por vias diferentes, mas interligadas, pulsando simultaneamente.

Ao nível humano as pessoas contêm potencialidades latentes que podem ser ativadas a se manifestar através de oito tensores básicos, os quais serão as bases sutis para dar suporte aos acontecimentos que desejamos criar. Lembre-se, o Tensor determina a ordem dos acontecimentos!

Vamos então olhar o Sistema Empresa, seus fornecedores e clientes, seus departamentos e áreas, cada um com uma função própria, mas sob o prisma de oito campos tensoriais. Estes oito campos tensoriais se interpenetram e se complementam e se tornam o grande diferencial da organização.

Cada Campo Tensorial interage com todos os outros segundo a necessidade, independentemente de o nível ser pessoal, setorial, departamental ou organizacional como um Todo.

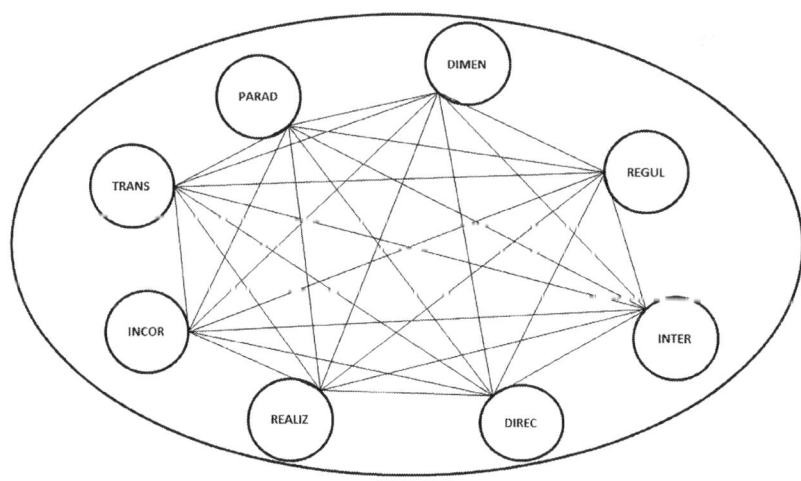

Cada empresa, setor ou atividade deve ativar seu C.T. Eixo

Cada setor, departamento ou mesmo uma simples atividade deve buscar a potencialização de resultados tendo como base impulsora e pano de fundo o seu C.T. eixo. Ou seja, os resultados serão amplamente facilitados e orientados por este pano de fundo de energia tensorial. Na realidade, o que é ativado é seu campo de energia eixo ou foco, lembrando-se sempre de que a energia eixo terá como subeixos ou subfocos auxiliares os demais Campos Tensoriais, pelo fato de eles estarem sempre integrados e serem indissociáveis uns dos outros.

1. C.T. DE PARADIGMAS

O Potencial de Distinção mental inerente ao ser humano gera um campo tensorial composto pela energia dos conhecimentos, formas de pensar, conjunto de tradições, regras e princípios instalados na mente, que servem de padrão a ser seguido e que orientam as ações e as normatizações implícitas e explícitas do comportamento organizacional. "É aquilo que os membros de uma comunidade partilham" (Thomas Kuhn). O Tensor dos Paradigmas é a base da qualidade de vida das pessoas e das organizações. Se este potencial de distinção for dotado de paradigmas abertos, conscientes e conectados à nova realidade das organizações, teremos uma primeira porta aberta para o sucesso, pois teremos um Campo Tensorial de renovação, abertura e estruturação mental, diálogo e busca de consenso.

Setores ou atividades que devem adotar o C.T. de Paradigmas como eixo principal: todos os *stakeholders*, corpo funcional e consumidores em geral. Os paradigmas são a base de todos os acontecimentos e é comum a todas as pessoas. É de suma importância investir profundamente nesta conscientização do papel dos paradigmas. Paradigmas restritos geram mundos restritos, paradigmas amplos geram mundos amplos.

2. C.T. DE DIMENSIONAMENTO

Refere-se primeiramente a ter clareza do que queremos e aonde queremos chegar, e em seguida a ter todo o preparo, planos, roteiros e condições efetivas de realização.

Este C.T. deve ser usado principalmente quando elaboramos o planejamento estratégico, ou quando iniciamos a implantação de um projeto, planos de ação, ou mesmo qualquer ação do dia a dia. É o preparo geral, visto que se trata da forma, condições e disponibilidade energética para uma atividade ou processo, as quais determinarão o andamento e o grau de sucesso que se poderá alcançar. Todo resultado depende destas condições iniciais. O C.T. de Dimensionamento traz consigo todo o estoque de experiências acumuladas, e inclui conhecimentos, automotivação e aptidão operacional e tecnológica. Nenhuma organização obtém equipes motivadas sem dimensionamento claro do capital humano e suas competências.

Setores ou atividades que devem adotar o C.T. Dimensionamento como eixo principal (1 eixo + 7 subeixos):

Recursos Humanos, Planejamento Operacional, Logística, Controles, Marketing e Atendimento, Diretoria, Filiais.

3. C.T. DE REGULAÇÃO

É a capacidade de ajuste situacional aos acontecimentos do dia a dia, ou seja, precisamos nos regular e ajustar constantemente perante cada situação ou acontecimento. É o "tomar as rédeas da situação do momento". Envolve discernimento, clareza de intenção, critérios claros, delimitação e, acima de tudo, centramento. É a nossa capacidade de proatividade e superação da reatividade.

Setores ou atividades que devem adotar o C.T. Regulação como eixo principal:

líderes, gestores, equipes, Manutenção, Contabilidade, Financeiro, Jurídico, Assessorias, Consultoria Interna, Controle de Qualidade, atividades de áreas-meio ou suporte.

4. C.T. DE INTERAÇÃO

Ação recíproca entre pessoas ou setores, troca de informações e compartilhamento de experiências, conjunto de ações em que o comportamento de um se torna estímulo para outros. Capacidade de geração de sinergia nas equipes, comunicação real, harmonização, fluidez interna, superação de conflitos e jogos de poder.

Setores ou atividades que devem adotar o C.T. de Interação como eixo principal:

Compras, Comercial, Vendas, Marketing, Comunicação Corporativa, Relações Públicas, Assistência ao Cliente.

5. C.T. DE DIREÇÃO

Ativação da energia para dar rumos e direção, orientação, maneira de gerir e liderar para alcançar objetivos, capacidade de tomada de decisões, coragem, iniciativa, correr riscos, visão de futuro, visão compartilhada.

Setores ou atividades que devem adotar o C.T. de Direção como eixo principal:

Diretoria, Conselho de Administração, Alta Administração, Comitês, líderes de áreas ou setores.

6. C.T. DE REALIZAÇÃO

É a capacidade de se adaptar às condições existentes para transformá-las e adequá-las ao que se propõem os objetivos. Fazer acontecer, ter lucro com qualidade de vida, ter respeito às pessoas, criar clima de produtividade e realização, gestão participativa, respeito aos limites de cada um.

Setores ou atividades que devem adotar o C.T. de Realização como eixo principal:

Cadeia produtiva: recebimento e distribuição de matéria prima, controles de estoques, manufatura ou fabricação, embalagem, expedição. Entregas aos clientes. Faturamento.

7. C.T. de INCORPORAÇÃO

Capacidade de aprendizagem com as experiências para incorporação de novos conhecimentos e know-how, gestão do conhecimento e do capital intelectual, tornar-se mais potencializado e preparado para superação de impasses, adquirir mais conhecimentos, força interior, automotivação e capacitação, buscar os recursos e as energias básicas e fundamentais dos oito tensores básicos geralmente ignoradas e pouco desenvolvidas nas pessoas e diferentes setores da organização. Selecionar o que vale a pena aprender e não se prender ao inútil, ampliar ainda mais a visão de mundo, olhar para novas oportunidades no futuro, aquisição de resiliência.

Setores ou atividades que devem adotar o C.T. de Incorporação como eixo principal:

Treinamento e capacitação, desenvolvimento de líderes, clima organizacional, setor de eventos, universidade corporativa, pesquisas, projetos, grupos de aprendizagem, CCQs, Informática ou T.I., investigação apreciativa, sucessão na empresa, atividades de Mentoring, Coaching ou Advice, relacionamento ou convênios com universidades ou órgãos de pesquisa.

8. C.T. DE RENOVAÇÃO

Utilização da Potencialização anterior para assunção e implantação de novos projetos, reinvenção da organização para novo tempo, capacidade de saltos quânticos transformacionais, uso das experiências vividas para abertura mental, redimensionamento e coragem para enfrentar as novas possibilidades emergentes. Trata-se da capacidade de transcender o tempo atual, de evoluir, ter mais alegria e superar resistência a mudança, atrelamentos, censuras, ignorância, depressão, desistência, medo do novo, acomodação, bloqueio de si e dos outros.

Setores ou atividades que devem adotar o C.T. de Renovação como eixo principal:

Projetos de expansão, novos negócios, prospecção de mercado, gestão de mudanças, replanejamento estratégico, tornar-se empresa cidadã com autossustentabilidade.

Conclusão

A Liderança Sistêmica Tensorial amplia enormemente a visão que normalmente se tem de liderança e exige todo um preparo e uma readequação interior do líder, que lhe permita utilizar uma gama bem mais ampla de seus recursos mentais, conjugando racionalidade e sensibilidade na condução das atividades de sua equipe funcional. É um processo de aprendizagem, pois envolve mudanças de paradigmas mentais e de hábitos arraigados e muita paciência consigo mesmo e com seu grupo, com a consciência de que é dos erros que se aprende a superar limitações.

Cabe-nos agora refletir sobre nossas ações e nosso comportamento:

- Quanto temos já atuado como liderança sistêmica tensorial?

- Temos desenvolvido em nós uma visão cada vez mais ampliada do todo?

- Temos parado por alguns instantes e procurado sentir como está pulsando nosso departamento, nossa empresa, nosso escritório?

- Qual o clima que estamos cultivando em nosso departamento/empresa? Como estamos nos sentindo em nós mesmos e no ambiente relacional? Qual dos subsistemas está pedindo atenção especial?

- Na função de líderes gestores sistêmicos, quanto temos conseguido manter a empresa pulsando como um todo, cada parte refletindo este todo e para este todo?

- Temos sentido necessidade de um reforço de mentoria para melhor incorporar esta nova visão de alta performance sistêmica tensorial?

 2

A Essência da Liderança

Ana Paula e Rogério

Ana Paula Rodrigues Bohn

Administradora de Empresas, pós-graduanda na área de Liderança, Coaching e Gestão de Pessoas. Formações em Professional Coaching pelo Instituto Holos, em Líder Training pela Hold e em Hipnose Prática com PNL pelo IEMH. Atuou em projetos na OIT (Organização Internacional do Trabalho) e ONU (Organização das Nações Unidas), no campo do Trabalho Decente e Responsabilidade Social Empresarial. Foi consultora de Projetos da EJ – JUNIP Brasília e fundadora do Instituto FloresSer. Atua como facilitadora de Desenvolvimento Pessoal e consultora.

Contato: (51) 99244-8528
E-mail: adm.anapaularodrigues@gmail.com
www.institutofloresser.com.br

Rogério de Moraes Bohn

Administrador de Empresas e engenheiro civil. Mestre em Administração. Advanced, Master e Professional Coach, formado pelo Instituto Holos. Professor universitário na Graduação e Pós-Graduação. Foi dirigente de diversas entidades empresariais e profissionais. Atuou em projetos do CFA (Conselho Federal de Administração) junto à OIT (Organização Internacional do Trabalho) e ONU (Organização das Nações Unidas), no campo do Trabalho Decente e Responsabilidade Social Empresarial. Experiência profissional em mais de 15 países. Autor de diversos livros. Coach, consultor e palestrante.

Contato: (51) 99982-9425
E-mail: contato@rogeriobohn.com.br
facebook.com/admrogeriobohn
www.rogeriobohn.com.br

A Essência da Liderança

Há muito se discute a liderança e a forma como é exercida. Desde os mais antigos registros históricos, se pode perceber a influência que a figura do líder exerce sobre a civilização, seja nos tempos de paz, dentro das organizações, nas empresas ou instituições estabelecidas, mas também nos tempos de maior privação ou nas situações-limites, como os tempos de guerra.

É possível se perceber que diferentes tipos de liderança se estabelecem em diferentes momentos. Pode-se ter uma liderança mais apta para conduzir um grupo em uma situação de normalidade, administrando os relacionamentos e a forma de interação entre todas as partes envolvidas em cada situação. Há, por outro lado, aqueles líderes que têm o seu papel verdadeiramente valorizado nos momentos de dificuldades, como aquele CEO (Chief Executive Officer ou diretor executivo, em Português) de uma empresa que mobiliza toda a sua equipe de dezenas de milhares de funcionários para superar uma profunda crise, como Jack Welch na General Electric, ou aquele líder capaz de mobilizar uma nação para resistir às adversidades e superar os desafios impostos por um momento de enfrentamento entre nações, como Winston Churchill durante a segunda guerra mundial.

Para se perceber o verdadeiro papel de um líder e o poder de influência que ele exerce dentro de uma organização, há que se perceber como esta condição se capilariza dentro do ambiente da constelação sistêmica daquele específico local. O papel mobilizador ou desmobilizador de uma liderança é muitas vezes desconhecido pela pessoa que o exerce. A forma como ela influencia os seus colaboradores, muitas vezes trazendo à tona traumas, medos ou ainda relações que impedem os profissionais de descobrir os seus verdadeiros dons e talentos, sequer é percebido por este difusor de norteamento e poder. Por vezes surgem dificuldades nas relações de poder, de hierarquia entre os envolvidos, ou mesmo no sentimento de pertencimento das pessoas em uma organização, por questões puramente de liderança.

Ao longo do tempo, acompanhando ou desenvolvendo processos de consultoria dentro das organizações, é possível se observar que em inúmeros casos o líder ineficaz não percebe o papel nocivo que exerce, não se dá conta de que sua influência sobre o grupo de colaboradores está longe de ser positiva. E como é possível se imaginar que uma equipe terá um comportamento positivo, agregador, integrador, colaborativo, quando a liderança a que está submetida demonstra exatamente o oposto em algum destes pontos ou mesmo em todos eles?

Um dos grandes desafios das organizações hoje é auxiliar na transformação desse modelo de líder que não tem o seu colaborador como parceiro, como colega, mas sim como alguém a quem deve apenas indicar o que deve ser feito e cobrar resultados, em uma pessoa aberta a construir conjuntamente as soluções para os problemas que se apresentam no dia a dia organizacional.

Alguns dos caminhos para que isso possa ser feito apesar de serem simples têm um elevado grau de necessidade de envolvimento e vontade de mudança para poderem ser aplicados.

Sabe-se que uma das competências mais fundamentais para qualquer líder, de qualquer esfera é a comunicação. Desenvolver pessoas com a habilidade de comunicação diferenciada é um passo primordial para se ter verdadeiros líderes. Mas como?

Alguns pontos são mais relevantes e significativos para que uma liderança alcance a qualidade na comunicação. É importante lembrar que a forma como é passada a informação influencia diretamente na reação e execução da atividade proposta, portanto, saber como falar com a equipe pode inspirar ou dissuadir, gerando uma reação contrária à esperada.

A ideia é desenvolver a eficácia da comunicação por meio de ferramentas e expressões-chaves de maior aceitação em abordagens com os membros da equipe de forma agradável, acessível e adequada ao nível hierárquico. Não significa abrir mão do seu próprio estilo, mas sim de se permitir entrar no universo das pessoas que estão recebendo a comunicação e de fato se conectar com elas, de uma forma mais aberta.

Uma mensagem tem como principal função ser bem entendida pelo seu receptor, pois de nada adianta que ela seja bem escrita ou bem falada se não alcançar seu objetivo. Um dos maiores problemas dentro das organizações é a falta de êxito na comunicação, que é capaz de gerar verdadeiros conflitos internos ou mesmo problemas no ambiente da gestão. Segundo Kaplan e Norton, apenas 5% da força de trabalho entende a estratégia de uma empresa e Peter Drucker afirma que 60% dos problemas administrativos resultam da falha de comunicação.

Para minimizar esses efeitos danosos da má comunicação por parte das lideranças, saber quem serão os receptores da mensagem ou os participantes do evento é um dos primeiros pontos a serem elencados. Depois, identificar o próprio estado emocional se questionando se está emocionalmente estável para conduzir o contato com outras pessoas. Caso esteja passando por algum tipo de estresse emocional é indicado que a pessoa se estabilize antes de realizar aquela ação de comunicação. A atividade tem que ser executada com atenção plena, de forma consciente e não de forma automática, num processo de "fazer porque tem que ser feito"; a mentalização prévia do que será dito ajuda a prever questionamentos e assim poderá se antecipar a possíveis respostas.

Se o autoconhecimento é uma necessidade para qualquer profissional, para um líder passa a ser ainda mais relevante. Mas não apenas isso: conhecer os membros da equipe e suas especificidades ajuda o líder a saber como lidar com eles e o que os motiva individualmente e ao grupo como um todo. Entender que o que o outro fala é a percepção dele, que pode ter uma visão de mundo diferente de acordo com as experiências dele vividas até o momento, que muitas vezes existem diferentes soluções para um mesmo problema, ou mesmo que outras pessoas, além dele mesmo, podem estar certas.

O *rapport* é uma técnica utilizada para conhecer melhor as pessoas com quem se irá desenvolver as atividades. Esta técnica, executada juntamente com o espelhamento, permite que se crie uma conexão entre as partes, gerando maior confiança e convivência agradável, abrindo os canais sensoriais para receber as orientações, comunicações ou mesmo as críticas que vierem a ser feitas.

Um líder que usa a comunicação positiva, trabalhando as qualidades do indivíduo, se mostrando disponível, motivando-o a desenvolver habilidades e adquirir conhecimentos, gera um melhor aproveitamento pessoal e profissional, produzindo um retorno favorável para a equipe e para a organização.

A capacidade de ter uma escuta ativa para com o colaborador é outro ponto muito importante para um líder: quando alguém está transmitindo uma ideia deve receber sinais que permitam a ele identificar que a outra parte está de fato em conexão, se dedicando a ouvir o que está sendo dito. Durante a comunicação não se deve fazer interrupções. Devem ser dados sinais de que está compreendo, acenando a cabeça de forma afirmativa e utilizando palavras sutis, como: compreendo, entendo ou estou te ouvindo e mantendo o contato visual.

Por mais contrária que a visão exposta seja em relação àquela que temos, esta deve ser respeitada, pois é a percepção da pessoa. Somente depois de ouvir e compreender a opinião do outro pode-se então trabalhar juntos numa melhor solução, se possível que contemple o que foi apresentado.

Gentileza e educação são primordiais para um bom relacionamento entre as partes. Não há necessidade de se ter um comportamento grosseiro. O importante é demonstrar que o trabalho é desenvolvido por toda a equipe e que cada um tem um papel importante, que bem desempenhado trará benefícios para todos e para a própria pessoa. O cuidado com o cliente interno é essencial, pois o valor da organização será passado para os clientes externos por meio deles.

Praticar a empatia é uma das formas de manter uma conexão entre a equipe e a liderança. Assim, a equipe será mais forte e terá mais disponibilidade para trabalhar em conjunto, criando uma sintonia de ajuda, respeito mútuo e desenvolvimento contínuo.

Muitas vezes não percebemos a força e o poder do agradecimento. Ao agradecer o outro de forma verdadeira, demonstramos a sua importância e valor do seu tempo, esforço e energia gastos ao desenvolver as atividades. Aquele que recebe o agradecimento se reconhece como útil e percebe a sua importância, desenvolvendo a vontade de se ocupar novamente para obter novo reconhecimento. Isto pode gerar satisfação no indivíduo, que por sua vez gera a motivação, criando assim um ciclo virtuoso de excelência na consecução de seus objetivos. O mesmo acontece com o elogio sincero que é uma forma de compensação por meio do reforço positivo. Quem não gosta de receber um agradecimento ou uma palavra de incentivo para continuar no rumo que está seguindo, mesmo quando não conseguiu atingir a totalidade daquilo que era necessário?

Ser líder é cada vez mais se demonstrar como um ser humano capaz de ouvir, de entender, de se preocupar com outro ser humano que naquele momento, naquela circunstância, naquela organização está em uma condição hierárquica subordinada. Ser líder não é exercer o poder de forma autoritária e que não valorize o outro ser humano.

As modernas organizações buscam para seus quadros de lideranças pessoas comprometidas com pessoas, que gostem de lidar com os funcionários, os clientes internos e todas as inter-relações da mesma forma como lidam com os clientes externos.

Cada vez mais se valoriza a capacidade de aglutinar, de se fazer seguir sem a necessidade do uso do poder, mas pelo exemplo, pela utilização da palavra de apoio e incentivo. Uma equipe que é capaz de perceber em seu líder alguém que verdadeiramente se importa com ela, e que executa as ações da forma como cobra que as pessoas as executem, tem naturalmente a tendência de segui-lo com muito mais intensidade.

O líder que consegue se conectar com as mais diferentes gerações, culturas e pessoas existentes dentro de uma organização, utilizando-se das ferramentas e metodologias disponíveis, passa a ser profundamente valorizado.

Seja um negócio digital, uma empresa de base tradicional, uma metalúrgica, uma montadora de automóveis, uma fábrica de perfumes, uma cafeteria ou mesmo uma danceteria. Seja um negócio B2B, seja um negócio B2C, ou um negócio que envolva estas duas formas de conexão. A verdade é que todos estes negócios podem vir a ter um desenvolvimento e um crescimento muito mais perene quando dentro deles houver a verdadeira conexão H2H. Enquanto houver pessoas dentro de uma organização e houver líderes preocupados com essas pessoas, haverá clientes bem atendidos, acionistas e demais *stakeholders* mais satisfeitos.

O caminho, no presente e no futuro, para as organizações que já existem ou para todas as que virão é focar o desenvolvimento das lideranças para que estas auxiliem a desenvolver as pessoas, que são aquelas capazes de criar o ambiente inovador para impactar positivamente a vida de toda a humanidade.

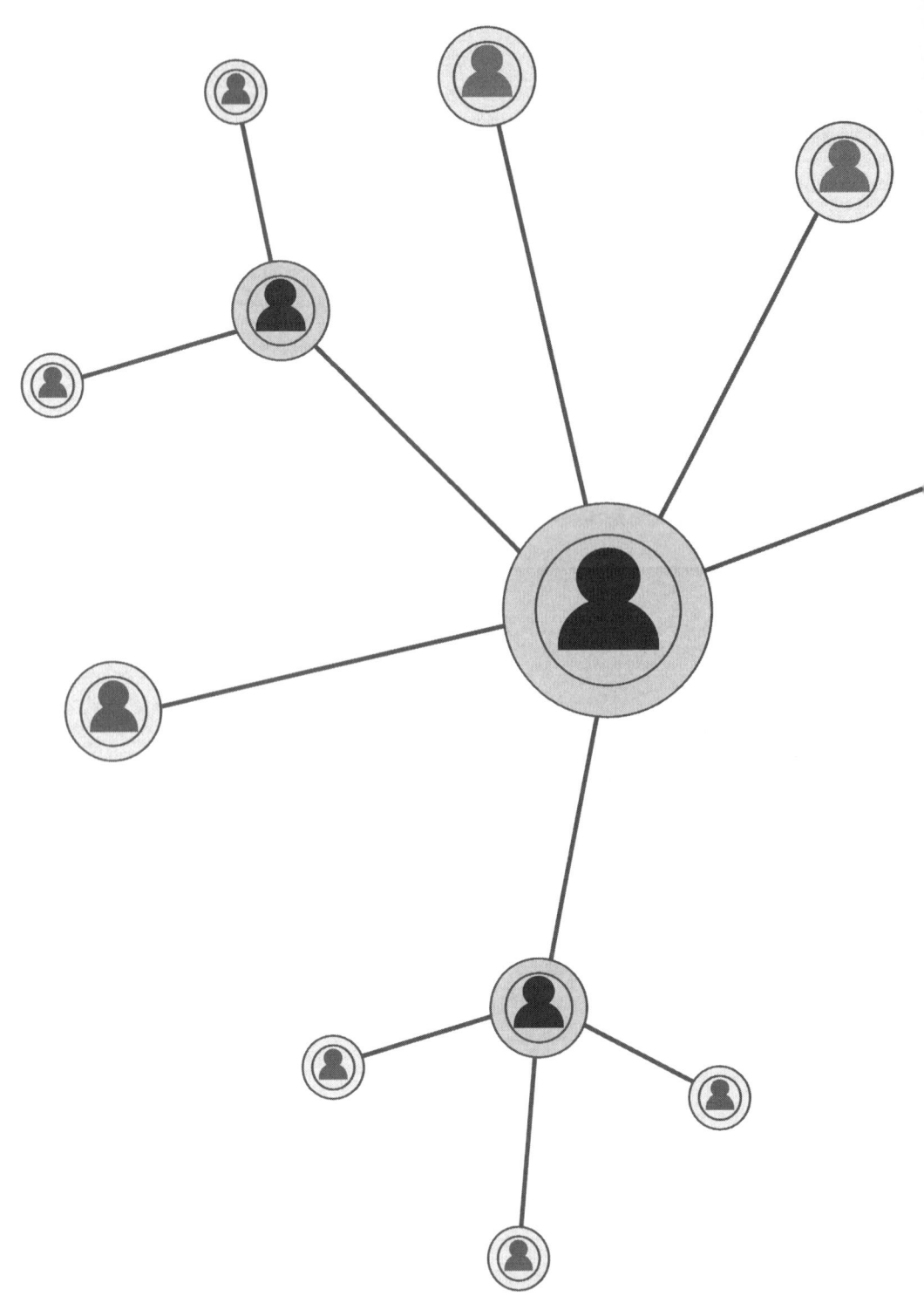

O Mindset do líder sistêmico

Andréa Pauli

Andréa Pauli

Diretora da Via Talento, atua em Projetos de Educação Corporativa, Coaching Executivo, Mentoria de Liderança e Coaching de Carreira. Professora de Programação Neurolinguística, Coaching, Liderança e Desenvolvimento de Equipes no Isae/FGV. Mais de 25 anos de experiência em empresas nacionais e multinacionais, ampla vivência na gestão de equipes multidisciplinares nas áreas de Qualidade, Riscos, Operações, Planejamento e Governança. MBA em Desenvolvimento Humano de Gestores (FGV), especialista em Gestão Estratégica de Projetos (UP), graduada em Ciências Econômicas (UFPR), High Performance Leader (Insper), Master Mentora e Master Coach ISOR® Executive (Instituto Holos), Master e Trainer em PNL (ISAE), EneaCoach – Formação Eneagrama (Iluminatta), Leader Coach certificada pelo Integrated Coaching Institute (ICI), Professional Coach certificada pela International Coaching Community (ICC). Treinadora especializada no desenvolvimento de competências comportamentais para alta performance, com foco em gestão neuroemocional.

Contato
E-mail: andrea@viatalento.com.br
www.viatalento.com.br

O Mindset do Líder sistêmico

assumindo a liderança das transformações

> "A flexibilidade surge quando temos múltiplas escolhas.
> A sabedoria surge quando temos múltiplas perspectivas."
>
> Robert Dilts

Ao apresentar ao mundo a sua Mona Lisa (1506), Leonardo da Vinci (1452 – 1519) oferecia aos nossos olhos muito mais do que um rosto com a expressão instigante e enigmática que a tornaria a sua mais notável obra.

Representando em tela o incrível efeito das dimensões de profundidade, o italiano renascentista difundiria em sua pintura o poder tridimensional das perspectivas, até então limitadas à percepção restrita de altura e largura das imagens.

Da Vinci, que entre tantas ocupações também foi desenhista, escultor, engenheiro, arquiteto, poeta e músico, juntava lógica e criatividade em seu mundo interior, movido pela imaginação e pela curiosidade.

Sua disposição em expandir as fronteiras de sua mente, obter novas e melhores possibilidades criativas e navegar em diferentes papéis e atuações, viabilizou seu alto desempenho em diversas frentes de trabalho, e sugere que seu poder de perceber e representar dimensões não se restringia às obras de arte e aos projetos científicos. As múltiplas perspectivas faziam parte do modelo mental que o impulsionava em sua marcante performance.

Também chamado de *mindset*, o modelo mental de uma pessoa é a sua forma particular de ver o mundo e de representar internamente suas experiências, dando a elas significado.

O *mindset* de Da Vinci, rico em perspectivas, tinha ainda outro componente peculiar intensificando o potencial de seu gênio criativo: o pensamento sistêmico.

Por dominar diversas áreas do conhecimento, percebia as interconexões entre elas e levava em conta as inter-relações em seus inventos.

Antecipou em sua época a importância das múltiplas versões da realidade, tão discutida mais tarde no século XX, alertando-nos de que tudo é ou faz parte de um sistema, cujo todo e seus subsistemas estão interligados, interagindo em maior ou menor grau (FALCONI, 2009). A realidade subjetiva ganhou o brilho da intersubjetividade.

Por desafiar-se a capturar as diversas percepções do universo ao seu redor e a desvendar suas inter-relações, Da Vinci produziu trabalhos diferenciados que registraram a sua marca na História como um dos homens mais talentosos de todos os tempos.

Essa mentalidade que se expande em perspectivas e se renova na visão sistêmica das inter-relações é o *mindset* que precede a criatividade e a inovação, tão necessárias para gerar e influenciar novas oportunidades de sucesso em nossos diversos papéis e atuações.

Nossas vidas, carreiras e empresas demandam um *mindset* que nos coloque à frente dos movimentos de mudança para que possamos nos mover na intensa velocidade dos tempos emergentes e assumir o nosso lugar na liderança das transformações.

As perspectivas do mindset sistêmico

Liderança é a capacidade de transformar visão em realidade.

Wayne Dyer

Líderes sistêmicos utilizam o poder das perspectivas que se inter--relacionam para entender a complexidade dos processos de mudanças, adaptando seu estilo de gestão às melhores oportunidades de impulsionar as equipes ao pleno desenvolvimento de suas capacidades potenciais.

E considerando que a essência da liderança é a influência (MAXWELL, 2012), esses gestores tornam-se hábeis em discernir empaticamente o que move a expansão do *mindset* de seus liderados.

Afinal, muito mais do que equipes que realizam tarefas e cumprem atividades, a capacidade de transformação das empresas está nas mãos das pessoas que abraçam uma visão e se mobilizam para que esta se torne realidade (VERGARA, 2013), motivadas a gerar novos e melhores resultados a partir da renovação de suas mentes.

A evolução dos modelos mentais, como um sistema, pode ser percebida em subsistemas que interagem entre si para acionar os movimentos de aprendizado e mudança em pessoas e organizações.

São os chamados Níveis Neurológicos, modelo inserido na Programação Neurolinguística por Robert Dilts, com base no trabalho desenvolvido por Gregory Bateson.

Segmentados em Ambiente, Comportamentos, Capacidades, Crenças e Valores, Identidade e Espiritualidade, cada nível demanda determinadas perspectivas de influência e estilos específicos de gestão para que sejam efetivamente impulsionados.

1. A perspectiva do ambiente

Neste nível básico acontece a experiência, a interação. É o território no qual as pessoas atuam e se relacionam, percebendo as restrições e as oportunidades do espaço-tempo. Nas palavras de Dilts, "ambiente é o que nós percebemos como sendo 'fora' de nós" (2017, p.37).

No aspecto organizacional, compõe-se pelos fatores físicos relativos ao local e às condições de trabalho e pelos fatores humanos presentes no contexto e na dinâmica dos relacionamentos.

O líder sistêmico atua como guia para influenciar esta perspectiva, indicando e facilitando o caminho para que sua equipe se adapte da forma mais efetiva possível ao cenário e perceba onde e quando extrair dele os melhores recursos para o exercício produtivo de suas atribuições.

2. A perspectiva dos comportamentos

É o nível onde ocorre a execução. Refere-se às ações e reações explícitas que se manifestam no ambiente de forma pontual ou como hábitos de procedimentos. É a nossa resposta aos fatores ambientais identificados.

Na organização, traduzem as atitudes que adotamos no dia a dia, demonstrando como percebemos o cenário ao nosso redor, como estruturamos o planejamento mental para realizar as atividades sob nossa responsabilidade e como conduzimos as nossas relações interpessoais.

A liderança sistêmica atua nessa perspectiva como *coach*, evidenciando o que deve ser feito para o alcance de metas e objetivos, sinalizando possíveis ajustes comportamentais, estimulando a adoção de posturas mais eficazes e reconhecendo as práticas que levam aos melhores desempenhos.

3. A perspectiva das capacidades

Este nível corresponde à habilidade, à competência. São as direções e estratégias mentais utilizadas para selecionar e organizar os nossos comportamentos, orientando-os para atingirem fins específicos.

No âmbito organizacional, corresponde ao planejamento mental que fundamenta as competências comportamentais, os também chamados *soft skills*, tão requisitados pelo mercado e reconhecidos como diferenciais para a obtenção da alta performance.

O *mindset* do líder sistêmico identifica, nessa perspectiva, a oportunidade de atuar como consultor, compartilhando estratégias cognitivas eficazes para ativar o potencial realizador individual e coletivo, enfatizando como as atividades devem ser executadas para levar aos resultados esperados.

4. A perspectiva das crenças e valores

Relacionado ao senso de razão e significado. Este nível compreende as motivações e permissões, conscientes ou inconscientes, por trás das estratégias de pensamento que se refletem em nossas capacidades. São os elementos que suportam ou inibem habilidades comportamentais específicas e fundamentam a autopercepção de identidade.

Estão no centro da cultura organizacional e indicam os princípios orientadores das decisões tomadas no dia a dia, expressando os pilares da identidade da empresa tanto para a equipe que a compõe quanto para o mercado.

O líder sistêmico, além de ampliar continuamente a consciência de seus próprios valores e crenças como fator primordial no fortalecimento de sua postura de liderança, percebe a importância de seu papel na representação e na prática da cultura organizacional, visando promover a coesão e o crescimento do senso de identidade do grupo.

Atua como mentor, enfatizando a razão pela qual a equipe faz o que faz e pensa como pensa. Liderando pelo exemplo, coloca o porquê no centro dos comandos táticos e operacionais, associando-os claramente ao cumprimento da estratégia. Potencializa a energia realizadora do grupo, mantendo a disciplina de execução, a partir de uma visão clara e congruente do que efetivamente move a equipe.

5. A perspectiva da identidade

Atrelado à marca pessoal, é no nível da identidade em que ocorre a mais profunda percepção de si mesmo e do papel individual a ser desempenhado no mundo. Neste nível, o senso de missão é despertado e, a partir dele, se estabelece a visão fortalecedora que inspira a sua realização.

Enquanto organização, missão e visão igualmente determinam a identidade corporativa, resultante da aplicação consciente e prática de seus princípios e valores, refletida na manifestação das capacidades e comportamentos.

Nessa perspectiva, o *mindset* sistêmico leva o líder a atuar como patrocinador, influenciando a sedimentação das identidades individuais, enquanto provë o suporte para a expressão da identidade do grupo. Vivencia, ele mesmo, a essência de quem é, inspirando as pessoas, enquanto indivíduos e como equipe, a serem quem são e a avançarem rumo a quem podem e querem se tornar.

6. A perspectiva da espiritualidade

Este é o nível mais alto, no qual surge a consciência de que se é parte de um sistema maior. Passamos a nos perceber como subsistemas interconectados com o todo. Neste contexto mais amplo da consciência coletiva, o senso de propósito é fortalecido, tornando-se o elemento decisivo para impulsionar a mudança nos demais níveis.

Tanto nas organizações como na vida, a convicção de ser parte de algo maior é a perspectiva que responde às perguntas para quem ou por quem fazemos o que fazemos. É o que intensifica o senso pessoal e organizacional de fazer a diferença, exercendo um papel ativo para contribuir com o outro, com a sociedade e com o mundo.

O líder torna-se, neste nível, o agente transformador que influencia o despertar, inspirando pessoas a encontrarem o objetivo maior que as move, a contribuírem com o sistema a que pertencem. Ao navegar na perspectiva da espiritualidade, o líder vai além do foco na alta performance e passa também a construir o caminho para transmitir a marca do seu legado.

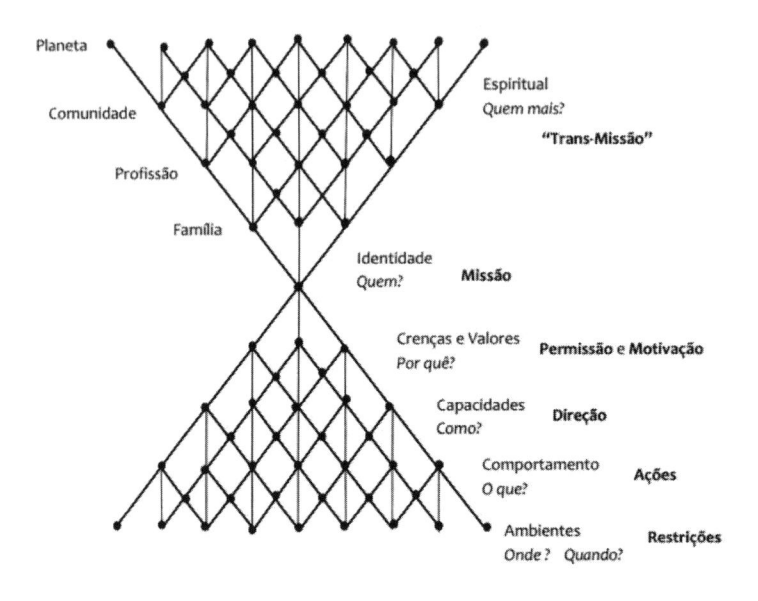

Níveis de processos em indivíduos e organizações. Fonte: DILTS (2017)

A influência em um dos níveis neurológicos pode gerar repercussão nos demais, e a sensibilização de um nível mais alto, necessariamente, gera impacto de mudança nos níveis seguintes.

Quanto mais sistêmica e apurada for a visão do líder para discernir como exercer a influência potencial em cada um desses níveis, maior a habilidade de adaptar o seu estilo de gestão e adequar a sua comunicação para impulsionar o desenvolvimento humano e alavancar o progresso organizacional.

> *O que a nova era exige e demanda é grandeza.*
> *É realização, execução apaixonada e contribuição significativa.*
>
> Stephen R. Covey

Nestes tempos emergentes em que tudo muda, a todo momento, em todo lugar, aqueles que se dispõem a repensar as suas perspectivas, expandindo o campo de visão de forma sistêmica e integrada, deixam de resistir, reagir ou meramente adaptar-se às sucessivas mudanças.

Passam a exercer papéis ativos na inovação de si mesmos, movidos pelo alto senso de propósito e significado. E assim como Da Vinci, assumem o seu lugar história, partindo do universo interior para renovar as suas mentes e, então, liderar a transformação do mundo ao seu redor.

> **O maior poder de influência de um líder**
> **se estabelece a partir do território de sua própria mente.**

No quadro a seguir, você poderá exercitar as perspectivas do Mindset do Líder Sistêmico.

Para preencher a segunda coluna, resgate em sua memória uma experiência de mudança ocorrida em sua vida pessoal ou profissional.

Na quarta coluna, avalie a oportunidade de liderar uma mudança em sua vida, carreira ou empresa.

Você perceberá, em ambas as situações, como os níveis interagem e observará a aplicabilidade prática das perspectivas centrais de cada nível.

Perspectiva	Experiência	Atuação	Oportunidade
AMBIENTE	Onde e quando ocorreu a mudança?	LÍDER GUIA	Onde e quando você quer que a mudança ocorra?
COMPORTAMENTOS	O que você fez para que a mudança acontecesse?	LÍDER COACH	O que você fará para que a mudança aconteça?
CAPACIDADES	Que habilidades você usou para realizar a mudança?	LÍDER CONSULTOR	Que habilidades você usará para realizar a mudança?
VALORES E CRENÇAS	Por que a mudança era importante para você?	LÍDER MENTOR	Por que a mudança é importante para você?
IDENTIDADE	Quem esta mudança te tornou?	LÍDER PATROCINADOR	Quem esta mudança te tornará?
ESPIRITUALIDADE	Para quem mais a mudança trouxe um bem maior?	LÍDER TRANSFORMADOR	Para quem mais a mudança trará um bem maior?

Níveis Neurológicos aplicados ao Mindset do Líder Sistêmico. Fonte: PAULI (2018)

Referências bibliográficas

DILTS, R. **De Coach a Awakener**. São Paulo: Editora Leader, 2017.

FALCONI, V. **O Verdadeiro Poder** – Práticas de gestão que conduzem a resultados revolucionários. Nova Lima: INDG, 2009.

LALOUX, F. **Reinventando as Organizações** – Um guia para criar organizações inspiradas no próximo estágio da consciência humana. Curitiba: Voo, 2017.

MAXWELL, J. C. **Os 5 Níveis da Liderança** – Passos comprovados para maximizar seu potencial. Rio de Janeiro: CPAD, 2012.

OLIVEIRA, D. C. **Desvendando Da Vinci** – O gênio que influenciou a humanidade. Vol. II. São Paulo: Discovery Publicações, 2015.

VASCONCELLOS, M. J. E. **Pensamento Sistêmico** – O novo paradigma da ciência. Campinas: Papirus, 2002.

VERGARA, S. C. **Gestão de Pessoas**. São Paulo: Editora Atlas, 2013.

Constelação organizacional alicerçada na neurociência

Angela Maria

Angela Maria Reginaldo Brun

Consultora Organizacional, administradora, docente universitária, escritora e palestrante, trainer em Coaching Integral com Formação Internacional em Business Mastery e Desenvolvimento Humano com Tony Robbins (EUA), Master PNL e Practitioner; Master Coaching, Mentoring & Holomentoring; Black Belt Six Sigma de Qualidade e Processos; coordenadora de MBA em Gerenciamento de Projetos; mestre em Ensino Científico e Tecnológico; especialista em Gestão Empresarial, Finanças, Controladoria e em Docência; multiplicadora do Programa de Qualidade e voluntária do Comitê do PGQP-RS.

Contato

(55) 9 9108-9425

E-mail: angela@aemconsultoria.com

Facebook: aemconsultoriaempresarial

Instagran: angelabrun_aemconsultoria

www.aemconsultoria.com

Constelação Organizacional alicerçada na Neurociência,
uma abordagem da Liderança Sistêmica

Vive-se um período de inconstância e de transformações que solicitam indivíduos dinâmicos, maleáveis e inovadores, devido à era da Informação, à globalização do universo dos mercados. Assim, itens como tecnologia, atmosfera econômica e situação social do Brasil possuem significação fundamental na avaliação da produtividade. Este estudo tem o objetivo geral de averiguar a importância da liderança a partir da investigação da Neurociência como influenciadora na liderança e autonomia das pessoas, incluídos os âmbitos comportamental, cognitivo, social e emocional.

Na era que se denomina de pós-modernidade, os sujeitos estão bem cautelosos quanto aos discursos produzidos pelo senso comum, em que a globalização teve como principal alvo a transformação na informação, o dinamismo, a tecnologia, as habilidades e competências e as múltiplas convivências, estimulando a liderança individual, pois estamos entrando numa comarca extremamente complexa e subjetiva, na qual os indivíduos, com suas crenças, valores, comportamentos e relacionamentos, são decisivos para uma sociedade moderna em que seus enredamentos e inter-relações idealizam uma problemática decisiva.

Liderança está fundamentada nos primórdios da administração, em que se evidencia a definição de *homo economicus* (as vantagens financeiras são os únicos pontos motivadores) e a mesma finalidade (máxima eficácia), e, de acordo com Chiavenato (2003), a teoria das relações humanas apareceu no segundo período de Taylor, porém só teve significação com a crise econômica universal de 1929. A teoria das relações humanas veio como uma resposta almejada ao total desprezo dos aspectos humanos pela abordagem clássica e foi bem influenciada pela Psicologia, uma ciência humana que surgia no período, formatando na teoria das relações humanas a soma de novas definições, como motivação e liderança.

1. Estratégias de Liderança Sistêmica

Empreendedores utilizam diretrizes para gerir sua liderança sob quatro aspectos: liderança centralizada, democrática, meritocrática, participativa ou compartilhada.

a. Liderança Centralizada

Segundo Alves (2016), a gestão centralizada ocorre quando o empreendedor reúne todas as decisões em seu formato e afasta sua equipe desta técnica. Representa um padrão de gestão em que o líder possui muitos problemas para incumbir os afazeres aos seus liderados, em dar-lhes encargos e, por essa razão, termina intervindo sempre em todas as atividades da organização.

b. Liderança Democrática

A gestão democrática, como o próprio nome indica, é uma liderança mais aberta, compartilhando as responsabilidades com o meio e introduzindo-a nas ações de edificação dos resultados. Assim, o líder tem mais tempo para focalizar no crescimento do seu negócio, planejar as atuações, deliberar estratégias e inserir os melhoramentos e os projetos designados à expansão de seu negócio. Esta ligação de confiabilidade é significativa, porque faz com que todos se sintam respeitáveis e fazendo parte da edificação de resultados, promovendo a motivação dos que o cercam, gerando credibilidade do líder em suas aptidões, em suas capacidades e reconhece isso (MARQUES, 2016).

d. Liderança Meritocrática

De acordo com Barbosa (2003), a meritocracia é um dos tipos de gestão que vêm ganhando sempre mais lugar nos espaços, pois incide em gerir através da meritocracia, valorização dos colaboradores, quer dizer, estimulando sua operosidade, motivação e engajamento, e distinguindo o resultado conforme o processo de evolução cognitivo de cada indivíduo e aprendizagem.

e. Liderança Participativa/Compartilhada

Gestão compartilhada, que anuncia uma revolução no modo de se relacionar com o universo. Na visão de McLagan e Nel (2000), a gestão compartilhada é um processo que incide na união de forças de um grupo para a implementação de solução de uma oportunidade ou problema, criando estratégias de grupos e subgrupos para efetivação de uma determinada ação com lideranças pré-definidas. A administração compartilhada proporciona uma visão mais abarcante e integral em relação a um afazer, a um projeto ou a um tema em pauta.

Segundo Fava (2002), a gestão compartilhada ou participativa abarca feitios que transcorrem por inúmeras ações. Realizar gestão compartilhada é pronunciar com limpidez e veracidade, conservar táticas com ânimo e perseverança, audácia e confiabilidade. Compartilhar representa repartir encargos, lucros e prejuízos com coesão e depreca perder o medo que anula a criatividade e a atitude de procurar novos desafios.

A gestão compartilhada é uma adesão de forças para assegurar ainda mais inteligência ao grupo, fortificando os componentes e fazendo com que o resultado possua ainda mais qualidade. Isso sem proferir que a união de administradores distintos, com visões caracterizadas em relação a algo, pode assegurar um projeto mais integral e com a cobertura de todas as probabilidades.

Um líder acerta e erra, mas busca sempre o desenvolvimento através de atitudes, garantindo um aprendizado contínuo. O líder devera inspirar a confiança das pessoas por meio do desenvolvimento das competências de cada um e do envolvimento mútuo entre todo o grupo; deve ainda desenvolver um processo contínuo de aprendizagem que possibilite a geração e o compartilhamento do conhecimento; ser capaz de ouvir seus colaboradores e ser comunicativo. Para tanto, é preciso propiciar um ambiente favorável ao diálogo, à liberdade de criação e expressão, respeitando a diferença entre as pessoas. (ROBBINS, 2005)

2. Comportamento organizacional com impacto da Neurociência

Comportamento organizacional é uma área de estudos que averigua o impacto que pessoas, grupos e a estrutura têm sobre o comportamento. Para Dubrin (2006), "comportamento organizacional é o estudo do comportamento humano, a interação entre as pessoas e a organização em si". Na prática, esse comportamento representa as atuações do sujeito, sua individualidade, costumes, percepção, aprendizagem e motivação. Os indivíduos passam a maioria de seu tempo vivendo ou trabalhando, situação esta que origina impacto sobre as vidas e a qualidade de vida das pessoas.

Neurociência é o estudo científico do sistema nervoso, parte do organismo que transmite sinais e coordena as suas ações voluntárias e involuntárias.

Existem pelo menos cinco maneiras ou áreas de estudo da relação entre sistema nervoso e comportamento e/ou sua fisiologia: o espectro animal; o cérebro de um gato; os estágios do desenvolvimento humano/animal e envelhecimento; efeito de drogas em diferentes sítios anatômicos e por fim o estudo da mente (psique), a inteligência, capacidade cognitiva e/ou comportamento (Neuropsicologia). Para um grande conjunto de alterações comportamentais estudadas pela psicopatologia e criminologia ainda não existe consenso sobre as causas biológicas e psicossociais. O mesmo pode ser dito para alterações psiconeuroendocrinofisiológicas da experiência religiosa ou êxtase religioso e estados alterados de consciência induzidos por técnicas como meditação e Yoga, bem como demais alterações funcionais do sistema nervoso em sua interação na cultura estudados na ótica da neuroantropologia.

A Neurociência comportamental em princípio acompanha os níveis de organização básica do indivíduo ou seu comportamento, equivalendo aos estudos da Psicobiologia ou Psicofisiologia e finalmente a Neurociência cognitiva ou estudo das capacidades mentais mais complexas, típicas do animal humano como a linguagem, autoconsciência etc., que também pode ser chamada de Neuropsicologia.

Conforme estudos previamente realizados no cérebro, além da tarefa ainda não concluída em milhares de anos de pesquisas, especulações, tentativas, erros e acertos sobre a anatomia e fisiologia do cérebro e de suas funções, seja o comportamento/pensamento (psique) ou os mecanismos de regulação orgânica e interação psicossocial, alguns problemas se impõem aos pesquisadores, destacando-se entre estes os que podem ser reunidos pela patologia.

Ressalte-se, porém, que a Neurociência está diretamente relacionada ao desenvolvimento cognitivo do CHA, elucidado por conhecimento, habilidades e atitudes, e que a liderança sistêmica, porém, é possível evoluir com o CHA quando compreender e alinhar-se com a constelação organizacional.

3. Constelação Organizacional sistêmica

Para liderar é necessário aprimorar comportamentos a partir do CHA, contudo, neste momento as ações e estratégias são executadas com êxito e performance quando são aconselhadas. Em ambos os níveis as organizações estão evoluindo para um processo de terceirização com maior assertividade, pode ser aplicada em diferentes contextos, na mudança da cultura organizacional, no planejamento estratégico, criação de projetos, resolução de conflitos, análise de desempenho, retenção de talentos, trabalho em equipe, gestão da mudança, reestruturação da empresa, comunicação e, principalmente, no alinhamento da liderança sistêmica.

Neste sentido, surge a Constelação Organizacional, que é uma metodologia de consultoria e suporte oferecida a empresas e organizações baseada na teoria de aconselhamento, a Constelação Familiar, desenvolvida pelo filósofo e psicoterapeuta alemão, Bert Hellinger, e tem como objetivo oferecer soluções efetivas aos problemas relativos ao contexto empresarial. Entretanto, para entendermos melhor o que é uma constelação precisamos compreender o que é sistema. Numa empresa, por exemplo, o sistema representa tudo que está inter-relacionado (departamentos, pessoas, processos) e dependem de uma integração e colaboração mútuas para funcionar.

Alguns princípios são o alicerce da Constelação Organizacional. Por se tornar acessível a pessoas e empresas de diferentes nações e culturas o modelo da Constelação Organizacional, segundo um estudo do próprio Bert Hellinger, o relacionamento humano dentro e fora das empresas depende de três princípios básicos para acontecer. São eles:

1. Hierarquia (ordem e sistematização);

2. Pertencimento (direito de pertencer ao sistema);

3. Igualdade/Equilíbrio (trocas justas ao dar e receber algo).

Compreender este processo dentro de um sistema organizacional é essencial para assimilar as informações trazidas pelo processo de constelação, devido à formação das empresas estar estruturada em primeiro plano por pessoas, e são estes indivíduos que trazem os resultados que ela busca, então, quanto mais as lideranças estão cientes do *mindset* de seus colaboradores, melhor será o aproveitamento deste tipo de dinâmica.

Uma vez que as relações humanas nesse contexto estão vinculadas à hierarquia, e olhando pelo viés de sistema podemos dizer que a hierarquia organizacional vai além dos cargos, pois também contempla aspectos no que tange – o tempo de empresa, contribuição, conhecimento e qualificação, por exemplo. Assim, para que haja equilíbrio e o sentimento de pertencimento ao sistema, aqueles que vêm primeiro devem ser respeitados por sua contribuição, seja ela qual for, mesmo sendo de um nível inferior. Quando entra um novo líder no sistema, este deve sempre respeitar a sua contribuição. Do contrário, a empresa fica desajustada e sofrendo com problemas de relacionamento, estresse e desentendimentos desnecessários.

A Constelação Organizacional tem como objetivo identificar e eliminar problemas no ambiente organizacional no que tange aos processos, às relações e à comunicação entre os colaboradores, líderes e a empresa como um todo e tratá-los de modo que não interfiram e prejudiquem a performance, o que torna essencial liderar com um olhar sistêmico e estar com o CHA em desenvolvimento para constelar de forma mais efetiva e assertiva.

Referências bibliográficas

ALVES, C. **Gestão centralizada e descentralizada**. Out. 2016. Disponível em: <http://b2midia.com.br/gestao-centralizada-e-descentralizada/>. Acesso em: 9 fev 2018.

BARBOSA, L. **Igualdade e meritocracia: a ética do desempenho nas sociedades modernas**. 4. ed. Rio de Janeiro: FVG, 2003.

CHIAVENATO, I. **Teoria geral da administração**. Rio de Janeiro: Campus, 2003.

DUBRIN, A. J. **Fundamentos do comportamento organizacional**. São Paulo: Thomson, 2006.

FAVA, R. **Caminhos da administração**. São Paulo: Pioneira, 2002.

MARQUES, J. R. Dez. 2016. **Tipos de gestão mais utilizados pelos empreendedores**. Disponível em: <http://www.jrmcoaching.com.br/blog/tipos-de-gestao-mais-utilizados-pelos-empreendedores/>. Acesso em: 9 fev 2018.

MC LAGAN, P.; NEL, C. **A nova era da participação**. Rio de Janeiro: Campus, 2000.

ROBBINS, S. P. **Comportamento organizacional**. 11. ed. São Paulo: Pearson Prentice Hall, 2005.

LIDERANÇA COMO COMPETÊNCIA SOCIAL LIBERTADORA

Antonio Celso

Antonio Celso Tavares

É psicoterapeuta, com formação em Psicologia pela Unicap-PE e especialista em intervenção psicossocial pela UFPE. Atua na área organizacional, formatando e conduzindo treinamentos na área comportamental. É *coach* certificado pelo Instituto Holos e pelo Wellcoaches – Carevolution; tem atuado com o Coaching pessoal e profissional, de equipe, de saúde e Liderança Coaching. Analista comportamental em DISC®, teve certificação pela Ativar – HR Tools e como consultor pela ETALENT. Analista Comportamental SEI (Sixseconds Emotional Intelligence) certificado pela Ativar – HR Tools. Como professor universitário esteve à frente das disciplinas Psicologia geral, condicionamentos sociais do comportamento, Psicologia social e dinâmica de grupo. Treinamento no modelo transteórico de mudança de comportamento com o prof. James Prochaska pelo Pro-Change Behavior Systems, INC. – Carevolution, com inúmeras outras certificações em áreas correlatas.

Contato
E-mail: antoniocelsotavares@gmail.com

LIDERANÇA COMO COMPETÊNCIA SOCIAL LIBERTADORA

> *"A flexibilidade surge quando temos múltiplas escolhas.
> A sabedoria surge quando temos múltiplas perspectivas."*
>
> Robert Dilts

Meu objetivo neste capítulo é suscitar uma reflexão sobre o papel da liderança nestes novos tempos de consumismo e tecnocracia dentro de uma visão sistêmica e concluir com um raciocínio do desenho de um programa de desenvolvimento de liderança.

Bauman captou com profundidade a essência para o mundo atual ao criar o termo modernidade líquida, em que a liquidez na dinâmica das relações e a despersonalização dos indivíduos indicam profundas mudanças entre as pessoas e instituições sociais. Para o descarte de pessoas do sistema socioeconômico cunhou a expressão vidas refugadas. Para ele, a nossa "é uma cultura de desengajamento, descontinuidade e esquecimento". Aponta para a individualização da sociedade, movida por uma ordem social ditada pelo medo, pela violência e a diluição da confiança na coletividade.

Percebe-se que há um importante papel a ser cumprido pelo líder diante dos desafios sociais impostos no mundo de hoje e desenvolver novos líderes tornou-se uma questão crucial.

Não esqueço o momento em que li esta frase, que ficou guardada na memória: "Pessoas não precisam ser administradas, pessoas precisam ser libertadas", e os *insights* que povoaram a minha mente.

Numa época de transição, caracterizada por rápidas, profundas e amplas transformações, ao lado de um mundo com prenúncios sombrios, tal frase reaviva meu olhar sobre a liderança.

Identificar desafios qualitativos não é uma tarefa fácil e muitas vezes pegamos atalhos mais aprazíveis como rota de fuga diante de questões complexas e difíceis de serem encaradas.

A liderança como campo de estudo tem ocupado expressivo crescimento e sua aplicabilidade tem se voltado mais para a área organizacional. A ênfase em líderes focados em tarefas e resultados econômicos certamente tem encontrado um campo mais fértil. É famosa a frase de James Carville: "É a economia, estúpido!"

Um olhar atento sobre a produção científica e literária no estudo da liderança evidencia uma montanha de conceitos com alguns elementos comuns, mas incompletos e recortados. Há uma infinidade de modelos, de abordagens e até modismos para todos os gostos. Alguns estudos primam em desvendar a capacidade do líder de interpretar e estruturar a realidade e de tal forma fazer com que os seus seguidores tenham uma relação identitária com ele, daí sua força e seu poder em criar vínculos sociais duradouros.

No contexto maior, o da sociedade, o estudo da liderança social, que transcende a liderança política, enseja um entendimento da formação de líderes que se desenvolve no seio da família, da escola, dos grupos sociais e vão para o campo empresarial. Existem poucos programas de desenvolvimento de liderança para jovens nos âmbitos familiares e educacionais, indicando uma possível lacuna a ser repensada, uma vez que a liderança é fator primordial e estratégico no desenvolvimento da sociedade como um todo, de suas instituições e pela dimensão transformadora de realidades.

Uma compreensão do processo de liderança, do seu desenvolvimento psicológico e social, a formação da sua identidade a partir de uma visão sistêmica da realidade permite repensar a liderança em seu papel diante das incertezas da sociedade atual.

Muitas questões recorrentes surgem e atravessam este nosso olhar. O que é ser líder? Como se dá o vir a ser líder? Como ele pensa? Como ocorrem as relações entre o campo individual e social na dinâmica da liderança?

Há uma carência de líderes. Acrescento, carência de grandes e verdadeiros líderes que voltem a nutrir de esperança um mundo líquido, caótico, desagregador, destruidor do meio ambiente e do desenvolvimento de relações saudáveis entre o homem, seus semelhantes e a natureza.

Num mundo onde o imperativo passa pelo viés econômico, pela produtividade, pela competição desenfreada e pela insensibilidade em relação às questões humanas e ambientais, como repensar a liderança como uma função estratégica diante de um mundo pobre de ações responsáveis e conscientes?

Vejo na televisão um executivo em pronunciamento ao público, cuja empresa que dirige envolveu-se neste momento recente em um novo crime ambiental com incontáveis vítimas fatais, humanas e não humanas. Não há em sua fala um reconhecimento profundo dos graves erros cometidos, dos danos ecológicos, das famílias destruídas, da dor de uma sociedade ferida. O importante é acalmar o Mercado, ao invés de repensar toda uma práxis destrutiva e abusiva, como se todos os recursos da natureza fossem inesgotáveis. O lucro não é em si um pecado, mas a ganância, a destruição, a exploração brutal, a imposição do poder da arrogância, da imoralidade, da corrupção, dos métodos e meios obscenos.

Carlos Drummond de Andrade nos diz em seu poema "Sentimento do mundo":

Quando os corpos passarem, eu ficarei sozinho desfiando a recordação do sineiro, da viúva e do microscopista que habitavam a barraca e não foram encontrados ao amanhecer esse amanhecer mais noite que a noite.

Liderança tem sido normalmente definida como um processo relacional entre o líder e seus seguidores, em que acontece um certo grau de influência entre ambos, resultando na consecução de expectativas e objetivos pessoais e organizacionais.

Mas o que significa libertar o ser humano? Como a liderança é uma competência libertadora?

Quando identifico grandes líderes, o Papa Francisco, Buda, Jesus de Nazaré, Mandela, Luther King, Gandhi, me vem sempre a noção de evolução e vitória do espírito humano sobre condições sociais e históricas que negam a verdadeira essência humana, a espiritualidade, a dimensão da natureza e as implicações do ato humano através da consciência de si, do outro e do mundo. Eis o dilema do mundo.

E é este ponto que considero primordial dentro de uma visão sistêmica. Uma liderança que resgate e resguarde o futuro do homem, da humanidade e do planeta.

A unicidade pessoal, a condição empática genuína, a restauração da confiança, ideais de superação, crenças e valores em que a visão de mundo e do homem são integradoras e transformadoras de realidades, dão sentido e significado universal ao papel do líder, mas que vêm perdendo força progressivamente. Líderes que ativam a rede indivíduo-sociedade-natureza, conjugando valores e prática que instauram uma nova ordem de consciência e mentalidade.

Diante dessa percepção, é clara minha identificação com a visão sistêmica e a importância de uma formação pessoal e profissional que permitam o desenvolvimento de uma metodologia e cosmovisão compatíveis.

Grandes líderes, líderes do futuro conquistam uma posição sócio-histórica no processo de desenvolvimento global do homem e da sociedade na relação espaço-tempo ao criar condições de sustentabilidade. Este é um diferencial quando pensamos no papel do líder.

As utopias cumprem o papel de conectar o homem com as possibilidades dos seus sonhos e anseios. O líder é conector da essência humana com o mundo das possibilidades e da ação libertadora em todos os sentidos. O líder ocupa uma posição social e com isto o poder de influenciar o outro à ação que dá sentido de mudança da realidade mais ampla e necessária.

Como um fenômeno psicossocial, a liderança começa com e requer o conhecimento de si mesmo, dos seus pontos fortes e fracos, potenciais, habilidades, atitudes que levam ao autogerenciamento e à autoliderança. Cabem questões acerca da formação da personalidade do líder, sua dinâmica psicológica, suas motivações inconscientes, sua história de vida, sua dinâmica familiar, seus conflitos recorrentes, entre outros aspectos. Crescem na atualidade o estudo e as pesquisas de personalidades psicopáticas no mundo organizacional. Entretanto, é preciso ampliar a noção de que liderança vai muito além.

No contexto da liderança, a passagem do egocentrismo para o etnocentrismo representa uma maturidade sociopsicológica do indivíduo, do grupo, da sociedade. Quando falamos em tempos sombrios, vemos "líderes" egocêntricos, personalistas, reducionistas que cultuam a fragmentação, a imprevisibilidade, a violência economicista, a incerteza, a fragilidade, que dão vazão aos impulsos instintivos e à imposição como forma de dominação. Predomina a visão individualista em detrimento de uma visão ecológica e humana.

Num contexto em que o indivíduo é subjugado a forças irracionais e dominadoras, ele torna-se objeto, peça de uma engrenagem maior na qual ele foi coisificado. Perdeu-se a alma, a humanidade e suas potencialidades.

A complexidade que o mundo hoje apresenta, sem precedentes na história da humanidade, esgota modelos e instaura novas exigências conceituais, cognitivas e relacionais. Líderes inspiradores foram forjados pelo enfrentamento da realidade social em que estavam mergulhados. A noção de realidade social para cada ser humano é dada pelo confronto com o cotidiano, com o outro, se impõe à consciência de forma estruturadora e interpretativa de si e do mundo, em que a ação do indivíduo é passiva ou ativa em transformar sua própria realidade. Intervir nesta realidade para transformá-la é liderar um processo para instaurar novas possibilidades de si e do mundo.

O que se faz necessário para lidar com o futuro em todos os sentidos? Dois grandes campos se abrem como pilares básicos: o desenvolvimento dos processos criativos e da liderança. Em ambos coexiste a orientação para o aprendizado contínuo. Embora já tenhamos um nível de conhecimento suficiente para provocar mudanças significativas no pensamento atitudinal e cognitivo do ser humano, ainda persiste um caráter ambíguo no contexto social e educacional, entre o que se diz e o que se faz, entre a intenção e a ação, entre o planejar e o cumprir.

Um dos estudiosos da criatividade, Paul Torrance, afirma que "as escolas do futuro deverão não ser só para aprender mas para pensar. Este é o desafio criativo da Educação". Quando olhamos para os resultados educacionais pouco vemos em termos de desenvolvimento das competências, ou seja, conhecimentos, habilidades e atitudes para intervir no mundo real, através da criatividade e da liderança.

A estrutura hierarquizada e linear ainda permeia nossos modelos e nossas práticas sociais, culturais, políticas, educacionais e organizacionais, cerceando a criatividade e o surgimento de lideranças naturais. A manipulação é o instrumento mais evidente neste processo em detrimento da motivação e da consciência de si e do mundo.

Romper estruturas arcaicas implica a manifestação da consciência plena, em que se leva em consideração o contexto amplo da realidade, o poder pessoal de agir, a força da presença humana, um propósito consubstanciado em missão de vida e visão de futuro, pressupõe motivação, coragem, confiança, disciplina, perseverança e crença na capacidade de mudar. Romper limites é ir muito além de onde se está, é transcender barreiras tidas como intransponíveis.

A perda do sentido humano, no dizer de Bauman, corta as possibilidades entre a consciência profunda de si, a capacidade afirmativa de expressar a dimensão do desejo da liberdade do ser e o compromisso de agir no mundo diante de novas possibilidades existenciais. Sem os valores potencializadores para o "vir a ser" temos uma realidade desmobilizadora existencialmente e impulsora dos mecanismos de defesa de sobrevivência. Liberdade tem sido uma palavra temida e mal-entendida. Liberdade é agir em conformidade com a consciência plena de si, do outro e do mundo.

Lideranças inspiradoras, transformadoras ou participativas exigem não só conhecimento de causa, antecede saber quem eu sou, para que eu sou, para onde vou. Sendo a liderança uma atribuição a si mesmo, ela implica a capacidade do sujeito de relacionar-se consigo mesmo, com o outro, com o contexto em que vive, e ir apropriando-se e identificando-se com forças

Desenhando programas de desenvolvimento de liderança

Partimos da constatação de que a liderança é um fenômeno social que surge dos relacionamentos dentro de determinada estrutura social e contextualizado psicologicamente. Diante de uma visão sistêmica do desenvolvimento do processo de liderança seu desenho passa necessariamente por três aspectos primordiais: aprender a aprender, capacidade reflexiva que implica o uso do pensamento crítico e criatividade como mola mestra da inovação. Ao expor-se no mundo real a pessoa descobre suas legítimas necessidades, sua capacidade de acionar processos sociocognitivos e intervir na realidade como sujeito capaz de produzir mudanças. Fluir com o talento natural e encontrar campo para treinar habilidades é a jornada para a liderança.

Aprender a aprender situa-se na concepção da aprendizagem experiencial. Diferentemente do acúmulo de conteúdos teórico-acadêmicos (também importantes), colocar o aluno frente a frente com os dilemas, paradoxos e contradições da realidade e dos desafios a serem enfrentados permite descobrir seu estilo de aprendizagem, suas motivações intrínsecas, usar a capacidade reflexiva, formular juízo de valor, criar alternativas, tomar decisões.

O desenvolvimento da capacidade reflexiva de forma sistemática implica formar raciocínio e entendimento conceitual pela experiência vivida, configurando um modelo mental próprio em função da apreensão dinâmica da realidade. Contribui para o desenvolvimento do pensamento estratégico e sistêmico. Refletir permite qualificar reais desafios pessoais e de liderança, é estabelecer o campo de atuação. Entender o **porquê** e o **quê**. Inicia-se o bom combate, a caminho do desenvolvimento da liderança.

A criatividade indica capacidade de flexibilidade, busca de originalidade, estabelecimento de novos padrões de respostas aos problemas e desafios existentes.

Estes três aspectos considerados, o primeiro núcleo de experiência refere-se à presença humana, indica a mestria pessoal, a capacidade de autoconhecimento e autogerenciamento, saber de si, traços pessoais, comportamentais e experiências pessoais que determinam a visão de mundo, crenças e expectativas, a empatia, valores, exercício da ética, a capacidade de assumir responsabilidade e compromisso com a noção de propósito e estilo de liderança contemporâneo.

A compreensão do papel social do líder na transformação da sociedade permite estabelecer o perfil de liderança, o mapeamento de competências e um Plano de Desenvolvimento Individual, também envolve a compreensão, definição, problematização e contextualização da realidade de mundo, cenário de sua atuação.

Saber interpretar a realidade e fazer uma leitura diagnóstica de atuação exige do líder o desenvolvimento da percepção, da intuição, sobretudo como perfila as informações e os significados internos destas incorporados. Neste aspecto, as experiências precedem as técnicas, uma vez que elas definem contextos de realidade. O indivíduo, ao definir as questões atribucionais pertinentes à liderança, ressignifica suas ações no mundo e suas lacunas de desenvolvimento. Mobiliza motivação para a aprendizagem em função do que pode ser exitoso para ele.

Desenvolver uma arquitetura flexível para programas de liderança pressupõe a identificação dos estágios de maturação pessoal, assunção de responsabilidades em face dos processos de decisões Intrapessoal e de projeto de vida, facilitando a identidade das competências estabelecidas e a concepção de uma liderança eficaz.

Stephen Covey, no livro *O 8º Hábito*, traz alguns pontos que reforçam a visão de uma liderança sistêmica, mas principalmente cria uma mentalidade evolutiva. Diz ele que somos seres inteiros – corpo, mente, coração e espírito – e que temos quatro necessidades – viver, aprender, amar e deixar um legado. Na liderança, ele identifica também quatro atribuições – disciplina, paixão, visão e consciência. Refere que a visão, a disciplina e a paixão regem o mundo e que liderança pode ser aprendida como uma escolha e não uma posição.

Referências bibliográficas

BAUMAN, Z. **Amor Líquido – sobre a fragilidade dos laços humanos**. Rio de Janeiro: Zahar Editores, 2004.

_____. **A sociedade individualizada: vidas contadas e histórias vividas**. Rio de Janeiro: Zahar Editores, 2008.

BERGER, P. L.; LUCKMANN, T. **A construção social da realidade**: tratado de sociologia do conhecimento. Rio de Janeiro: Vozes, 2004.

CHARAN, R. **O Líder criador de Líderes**: A gestão de talentos para garantir o futuro e a sucessão. 9. ed. Editora Campus, 2008.

FLEURY, M. T. L. *et al.* **As pessoas na organização**. São Paulo: Gente. 2002

GALBRAITH, J. K. **A sociedade justa**. Uma perspectiva humana. Rio de Janeiro: Campus, 1996.

GIDDENS, A. **Modernidade e Identidade**. Rio de Janeiro: Zahar, 2002.

MOTA, F. C. P.; Caldas, M. P. **Cultura organizacional e cultura brasileira**. São Paulo: Atlas, 1997.

MORIN, E. **Ciência com consciência**. Rio de Janeiro: Bertrand, 2001.

O'DONNELL, K. **O espírito do líder**: lições para tempos turbulentos. São Paulo: Integrare, 2009.

SENGE, P. **A quinta disciplina**: arte e prática da organização que aprende. Rio de Janeiro: Best Seller, 2008.

_____ *et al.* **Presença**: propósito humano e o campo do futuro. São Paulo: Cultrix, 2007.

SCHEIN, E. H. **Cultura organizacional e liderança**. São Paulo: Atlas, 2009.

SCHARMER, O. **Teoria U**: como liderar pela percepção e realização do futuro emergente – mente aberta, coração aberto, vontade aberta. Rio de Janeiro: Campus, 2010.

6

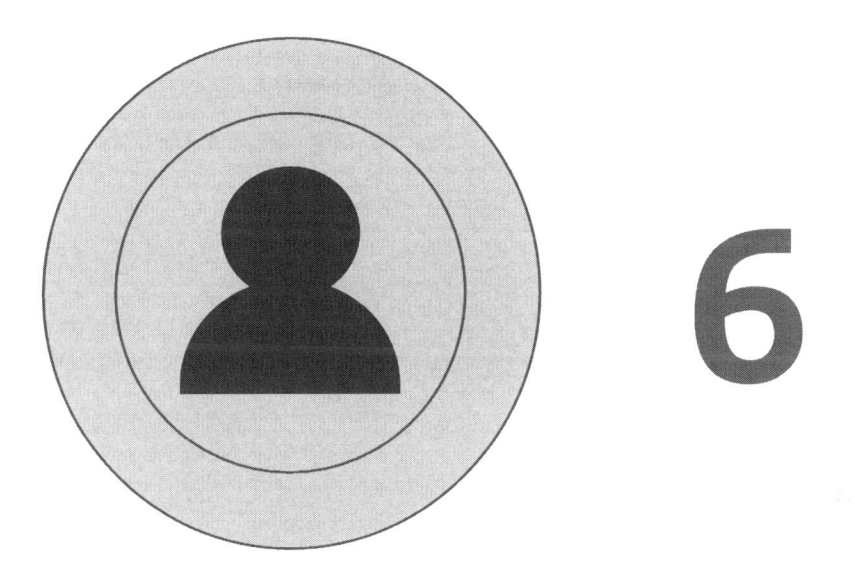

Produtividade, degrau para o sucesso

Bruno Andrade

Bruno de Andrade Batista

Engenheiro de Produção formado pela UERJ (Universidade do Estado do Rio de Janeiro), cursa MBA em Liderança, Inovação e Gestão 3.0 pela PUC.

Analista de Produto, responsável pelos motores de uma fábrica de caminhões e ônibus e pela interface Brasil-Alemanha, além de analisar, preparar e apresentar documentos técnicos para os fóruns da empresa.

Professional Coach, formado pelo Instituto Holos, com foco nos temas: gestão, liderança, motivação, resiliência, produtividade e alta performance. Utiliza ferramentas de Engenharia e Coaching para o treinamento de pessoas voltado ao aumento da produtividade. Estudioso de técnicas de alta performance como Scrum (Método Ágil) e conceitos de Empowerment e Rapport.

Contato
Instagram: @b_deandrade
E-mail: b.deandrade90@gmail.com
LinkedIn: https://www.linkedin.com/in/brunoandrade-engenharia/

Produtividade, degrau para o sucesso

"Eu posso ser mais do que sou e quero ser mais do que posso."

Bruno Andrade

No mundo contemporâneo somos cobrados, todos os dias, para entregar cada vez mais e mais resultados. Temos que fazer trabalhos que levariam dias para serem concluídos em apenas poucas horas e com a mesma qualidade. Contudo, não aprendemos como superar tais desafios no colégio e nem mesmo na universidade. Então fazemos cursos e mais cursos, estudamos ferramentas de produtividade, metodologias ágeis e planejamento a fim de conseguir, apenas, entregar o que é pedido.

Um dos maiores problemas disso é que, mesmo após muito estudo, temos dificuldade de compilar todas as ideias, não temos tempo de fazer um resumo prático para englobar todo o aprendizado e, com isso, muito do que foi estudado pode vir a se perder na imensidão de atividades do dia a dia.

Venho estudando e organizando técnicas de produtividade e alta performance desde que entrei na universidade e continuei após a minha formação. Neste capítulo, irei sintetizar tais ferramentas a fim de auxiliá-lo a produzir os melhores resultados de seu trabalho com o menor tempo possível, não deixando a qualidade de lado em nenhum momento.

Tendo esse pensamento em voga, decidi, estrategicamente, dividir os conceitos de produtividade em tópicos, a fim de criar um *step by step* para se atingir a alta performance. Dividi, então, o capítulo em três etapas, as quais chamo de **Tríade da Produtividade**: *Preparação, Planejamento e Ação.*

Cada uma dessas etapas contará com técnicas, ferramentas e dicas para que, de forma extremamente simples, todos sejam capazes de realizar os mais complicados projetos de maneira rápida, eficaz e com altíssima qualidade.

E, para iniciar todo projeto, seja simples ou de alta criticidade, deve haver preparo. As boas ideias não surgem do nada, antes da inspiração existe muita leitura, muito estudo, o que defini como a primeira etapa da nossa Tríade, a PREPARAÇÃO.

Preparação

No início do meu texto, tem a seguinte frase: "Eu posso ser mais do que sou e quero ser mais do que posso". Essa frase, além de ser de minha autoria, é o meu mantra, o que falo para mim mesmo todas as manhãs. E como conseguir ser mais do que se pode ser? A resposta é simples! Com a capacidade intelectual que temos hoje, no momento presente, somos capazes de chegar até o ponto A, o cume da nossa evolução, podemos chamá-lo de **"Limite Mais do Mesmo"** (continuar fazendo sempre as mesmas coisas nos levará sempre aos mesmos lugares). Mas, se nos prepararmos, produzirmos cada vez mais, estudarmos muito, lermos os melhores autores, aí sim poderemos ir além, alcançar o ponto B do gráfico, o novo pico, e assim sucessivamente. Ou seja, quanto mais nos prepararmos e produzirmos em prol da nossa evolução pessoal, mais poderemos alcançar êxito tanto no âmbito pessoal quanto no profissional.

Os gráficos abaixo exemplificam bem o que acabei de explicar.

No primeiro deles precisamos entender, ou descobrir, o que deve ser feito para ultrapassar o **"Limite Mais do Mesmo"** para conseguirmos mudar de nível na escala da produtividade.

Já o segundo gráfico é determinante para entender quão rápida pode vir a ser a mudança de produtividade quando se entende o primeiro gráfico, quando percebemos que é necessário nos prepararmos cada vez mais para atingirmos o nível "B" da alta performance, posteriormente o "C", depois o "D" e, assim, sucessivamente. Ao mudar o nosso perfil, nossa forma de agir e pensar, saímos do crescimento normal no qual todos nós estamos junto com a "correnteza", onde todos alcançam o mesmo objetivo e, então, estagnam-se. Assim, entramos no jogo da alta performance, a que apenas profissionais de alto gabarito ambicionam chegar.

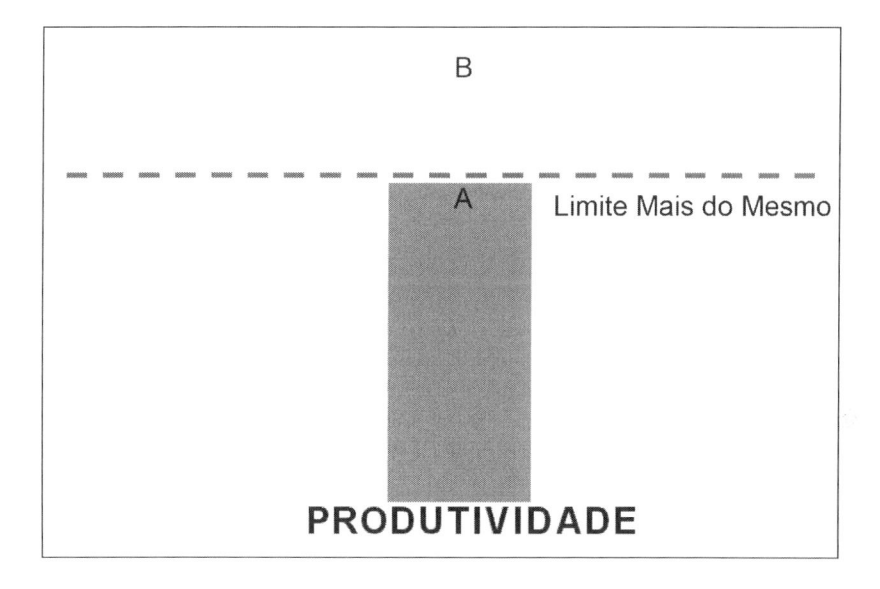

Gráfico 1: Limite Mais do Mesmo

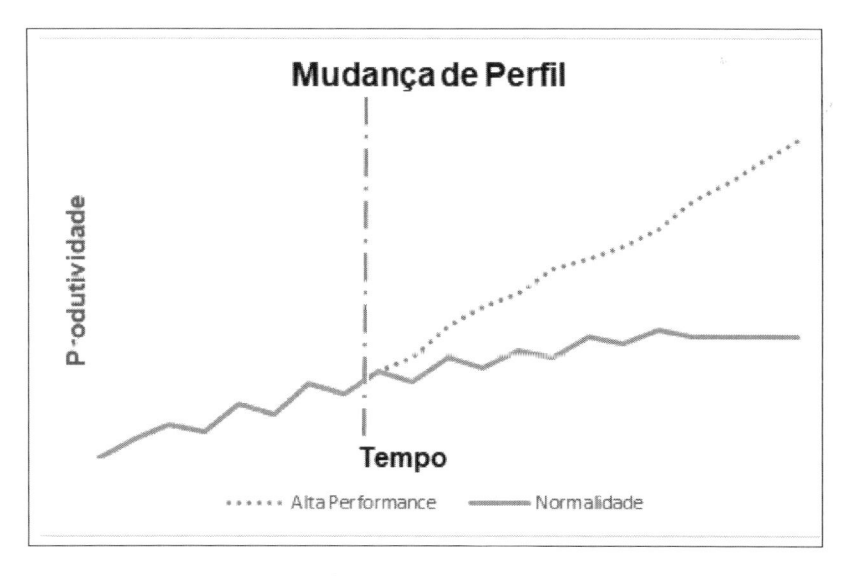

Gráfico 2: Mudança de perfil

A fim de concluir esse primeiro tópico da **Tríade da Produtividade**, parafraseio Rita Mae Brown, que tem sua frase atribuída ao gênio Albert Einstein: "A definição de insanidade é fazer a mesma coisa repetidas vezes e esperar resultados diferentes". Seguir a boiada, nadar na correnteza da normalidade irá levá-lo ao mesmo caminho e crescimento de todos os outros. É preciso fazer algo novo, diferente, para conseguir atingir a alta performance e, então, galgar objetivos mais altos. Fazer o que todos fazem diariamente o levará ao mesmo lugar ao qual todos estão indo e, se você ambiciona mais, será necessário fazer muito mais, se preparar, estudar, fazer diferente, planejar e agir!

Planejamento

Quando fui convidado a participar deste projeto de coautoria, decidi me organizar de forma a não perder tempo e entregar o melhor capítulo que pudesse ser capaz de escrever. Segui, então, os próprios preceitos da **Tríade da Produtividade**, sendo que a etapa da Preparação era algo que já vinha fazendo há algum tempo. A partir disso, iniciei a segunda etapa, que é peça-chave para concluir todo projeto com sucesso, PLANEJAMENTO.

Iniciei escrevendo em um *flipchart* tudo o que precisava fazer para começar a escrever o livro. No *flipchart*, destaquei quatro livros que poderiam me auxiliar a escrever este capítulo. Dois deles eu já havia lido (Preparação): *Os sete hábitos das pessoas altamente eficazes*, de Stephen Covey, e *Produtividade para quem quer tempo*, de Gerônimo Theml, e dois que ainda teria que ler para iniciar a última etapa da Tríade, a etapa da Ação: *Comece pelo mais difícil*, Bryan Tracy, e *Scrum – A arte de fazer o dobro do trabalho na metade do tempo*, Jeff Sutherland.

Também escrevi no *flipchart* que seria necessário reservar um espaço no meu tempo para inovar, ser criativo e poder alterar tudo que achava que poderia ser melhorado, sem temer mudanças.

O que isso significa? Para produzir o melhor texto, eu me planejei! E essa é uma das mais importantes informações que posso dar a vocês, PLANEJEM!

Abraham Lincoln disse certa vez a seguinte frase: "Dê-me seis horas para derrubar uma árvore e passarei as quatro primeiras afiando o machado". Com essa frase, Abraham Lincoln explicou magistralmente a importância de se planejar, se preparar, a fim de se ter o menor esforço e obter o melhor resultado.

Seguindo essa vertente, da importância de se planejar, em *Comece pelo mais difícil*, Bryan Tracy afirma que cada minuto gasto com planejamento economiza pelo menos dez minutos de execução. Ou seja, se nos planejarmos por 12 minutos todos os dias de manhã, ganharemos duas horas no final do dia para podermos fazer o que quisermos.

Assim, PLANEJAMENTO se torna um tópico muito importante dentro da liderança sistêmica, já que a visão sistêmica pode ser tida como enxergar e compreender o todo por meio da análise das partes que o formam. Com planejamento você será capaz de enxergar cada *step* necessário para conseguir alcançar os objetivos predeterminados.

Uma forma que facilita bastante para enxergar cada um desses *steps* de acordo com suas necessidades e com o que irá gerar maior valor no futuro (seguindo os preceitos da metodologia Scrum) é a ferramenta **MoSCoW**.

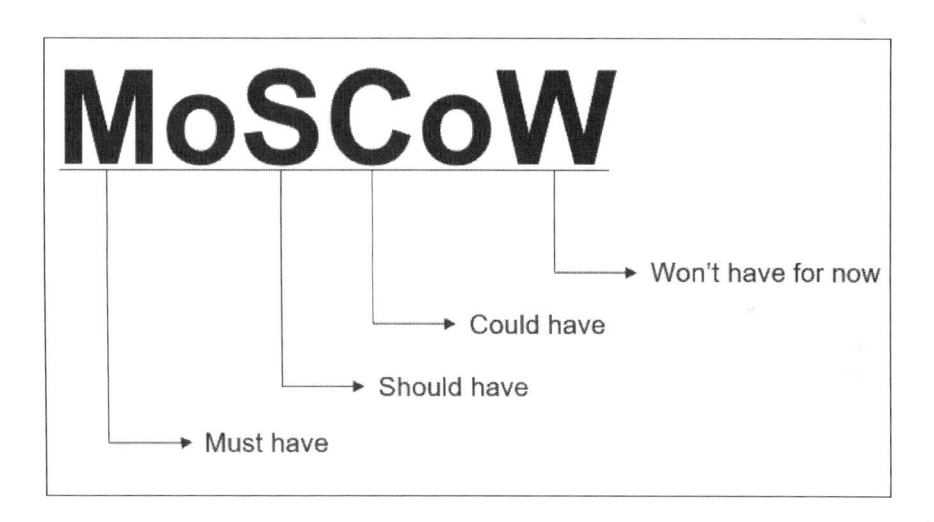

Figura 1: Acrônimo MoSCoW

MoSCoW se resume da seguinte forma:

Divida o seu projeto (ou um objetivo que tenha em sua vida e almeja muito alcançá-lo) em pequenas etapas (chamaremos de *steps*) e, então, terás que destrinchá-las. **MoSCoW** o auxilia a separar os *steps* pelo valor que cada etapa pode gerar no objetivo final. Com ele podemos fazer o que é mais importante para gerar resultado e, também, descartar o que possa vir a não ter tanta importância.

— **Must have** (deve ter): neste tópico devemos ter somente o que é essencial para o projeto, aquilo que se não for feito fará com que o objetivo não tenha sentido, perca o valor.

— **Should have** (deveria ter): aqui é onde se encontram todos os *steps* que devem ser considerados ao máximo, porém que não são imprescindíveis. A criticidade desses itens não é tão alta quanto a dos itens *Must have*. Itens que podem ser entregues em uma nova etapa do projeto.

— **Could have** (poderia ter): são aqueles desejos que queremos realizar mas que não são tão importantes. São como a cereja do bolo, é sempre bom que tenha, mas ninguém deixa de comer o bolo pela falta da cereja!

— **Won't have for now** (não terá por enquanto): são *steps* de menor importância que não serão realizados no momento pois não agregam valor ao projeto nesta etapa.

Utilizar a ferramenta **MoSCoW** auxilia a planejar e realizar um projeto de maneira ágil, agregando maior valor ao que foi produzido.

Com a adição dessa nova ferramenta podemos passar para o último tópico da **Tríade da Produtividade**, a AÇÃO.

Ação

Após anos de preparo e uma grande etapa de planejamento, pude dar início à última etapa da **Tríade da Produtividade**, a AÇÃO!

Conhecimento do assunto, experiência na área, planejamento de acordo com o cronograma estipulado. Assim iniciei o processo de escrever o capítulo. Nessa hora, atestei a importância das outras etapas, estava tudo organizado na minha cabeça, faltava apenas começar a escrever.

Mas nesse momento surgiu mais um obstáculo para a produtividade, a PROCRASTINAÇÃO! Existe o conhecimento, o planejamento a ser seguido e na hora H, hora de tirar dez, aparece um problema extremamente comum e muito difícil de superar.

Nesse momento surgem inúmeras tarefas, atividades, compromissos... tudo que é possível para lhe atrasar e tirar seu foco. Você sabe o que deve ser feito mas não consegue começar, não consegue sair da inércia, dá "branco", dá preguiça...

Foi então que recorri à **Tríade da Produtividade**, olhei para **MoSCoW** e relembrei o *Must have*, em que defini o livro como prioridade dentre outras atividades que tinha no período que antecedia à entrega do capítulo à editora.

Recorri, também, aos grandes autores que li para que pudesse sair da estagnação. Ao fazer isso, relembrei uma técnica que aprendi com Gerônimo Theml, a **Técnica dos Três Alarmes**. Tal técnica faz você se confrontar, o coloca em frente ao seu pior inimigo, e também seu maior aliado, você mesmo.

A **Técnica dos Três Alarmes** consiste em ativar o alarme do seu celular durante três períodos do dia, normalmente o primeiro no meio da manhã, o segundo no início da tarde e o último no final do dia. Como legenda do alarme, ou etiqueta dependendo do aparelho, insira a seguinte frase: *"Você está se ocupando ou produzindo?"*

Trata-se de um excelente fator motivacional para o seu dia! Pois, caso você esteja realmente fazendo o que deve ser feito, seguindo seu planejamento, tendo foco na **Tríade da Produtividade**, o alarme irá despertar e fará com que você se anime e continue, instintivamente, a produzir cada vez mais. Agora, caso você não esteja fazendo o que deve ser feito, o que planejou, aquilo que irá agregar o maior valor, no momento em que o alarme despertar, seu toque será um alerta para que volte a focar no *Must have*, no que deve ser feito no momento presente, no que irá agregar um real valor ao seu projeto.

Isso fará com que você abra os olhos novamente para onde deve estar seu foco e assim produzir mais e com mais qualidade!

Enfim, para atingir a produtividade de um profissional de alta performance você deve ser capaz de seguir a **Tríade da Produtividade** – Preparação, Planejamento e Ação – e ter conhecimento das ferramentas citadas anteriormente, como **MoSCoW**, **Técnica dos Três Alarmes,** e saber como transpor o **"Limite Mais do Mesmo"**. Com o conhecimento e aplicação dessas técnicas, você, certamente, irá se tornar mais produtivo, capaz de entregar mais, com mais qualidade, e subirá mais um degrau para o sucesso!

Como mensagem final, gostaria de deixar para vocês uma das frases do Stephen Covey, autor de *Os sete hábitos das pessoas altamente eficazes*, que mais gosto: *"Live, love, laugh, leave a legacy"*, que significa: "Viva, ame, ria, deixe um legado". E é isso que almejo a todos vocês, leitores, que aspiram atingir o ponto B, sair do destino óbvio da normalidade. Vivam da melhor maneira, sejam felizes, amem muito e deixem um legado, uma história de vida bacana, inspiradora, que possa motivar a população a sempre fazer mais, produzir e progredir!

Referências bibliográficas

COVEY, S. **Os sete hábitos das pessoas altamente eficazes**. Editora Best Seller, 2005.

SUTHERLAND, J. **Scrum, a arte de fazer o dobro do trabalho na metade do tempo**. Editora Leya, 2018.

THEML, G. **Produtividade para quem quer tempo**. Editora Gente, 2016.

TRACY, B. **Comece pelo mais difícil**. Editora Sextante, 2017.

7

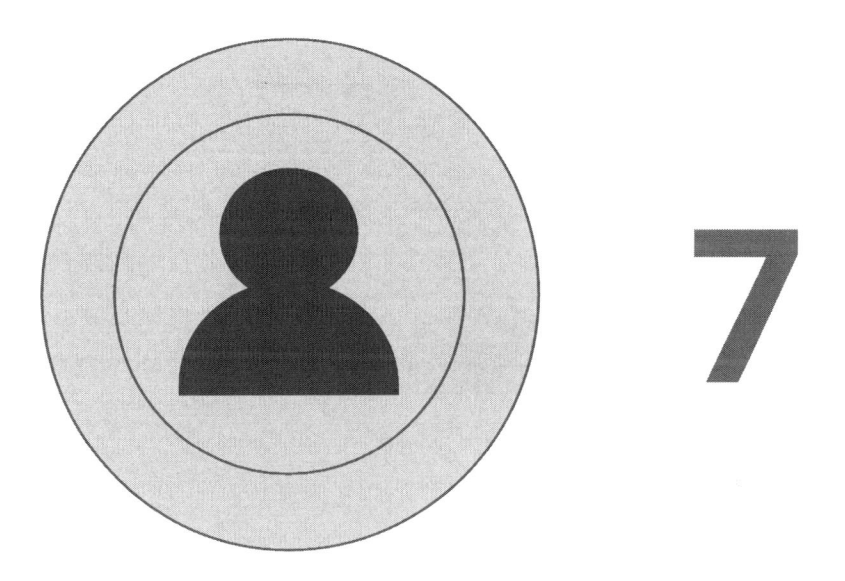

O uso de Mindfulness nos processos de Coaching

Cidinho Marques

Cidinho Marques

É pedagogo, tem pós-graduação em Neuropsicologia, é mestre em Educação pela Universidade de Columbia (EUA), neurocoach, master em Coaching pelo Instituto de Coaching Comportamental de Singapura, coach executivo pela Washington College (EUA), master e trainer em PNL pela Sociedade de Programação Neurolinguística (EUA). É instrutor de Meditação, mentor de coaches, especialista em Psicologia Positiva aplicada ao Coaching, analista DISC e especialista no Teste EQ-i (Teste de Inteligência Emocional), escritor e palestrante motivacional. Fundador e diretor do Instituto Iluminar (www.institutoiluminar.com.br).

Contato

cidmarques@uol.com.br

O uso de Mindfulness nos Processos de Coaching

Alguém já disse que talvez devêssemos nos preocupar mais com a "escutatória" do que com a oratória. Em verdade não é novidade que saber escutar, ou ter escuta ativa, é uma das condições mais fundamentais para qualquer processo de Coaching. O ICF (International Coaching Federation) tem entre seus itens de domínio de habilidades, para qualquer *coach* que pretenda ter essa certificação, a escuta ativa como uma condição de destaque. Sabemos também que no processo de comunicação os filtros de percepção entre emissor e receptor são os maiores entraves para um diálogo eficaz e produtivo, e que as emoções e os preconceitos são muito poderosos e podem causar ruídos que danificam a sintonia comunicativa entre as pessoas.

Nestes tempos de abundância de informações e seu sedutor convite à falta de foco nas pessoas, não é de admirar que tenhamos cada vez mais dificuldade em prestar atenção com plenitude ao que chega aos nossos sentidos. Assim, tomamos banho pensando no café da manhã, tomamos café da manhã pensando no trabalho e trabalhamos com a mente voltada para outras coisas. Não que não se possa pensar multiplamente – condição humana normal – mas quando não conseguimos centralizar ou priorizar nosso foco de atenção para algo específico corremos o risco de fugir de um estado de presença que, no mínimo, mina nossa energia emocional e dirige nossa habilidade cognitiva para fora do âmbito do contexto.

Essa "história" de que o jovem de hoje é multitarefa é, no mínimo, questionável. Pressupostos da Neurociência defendem que o cérebro só é capaz de fazer uma coisa de cada vez. Mesmo que os comandos mentais ocorram em intervalos de milésimos de segundo, naquele infinitesimal momento só se está focado naquele impulso. Se isso é verdade, é importante considerar que a plenitude de nossa atenção pode ser comprometida quando não conseguimos focar com suficiente eficácia nossas relações dialogais. Sendo o processo de Coaching uma atividade eminentemente dialogal, é mister desenvolver-se nesta habilidade para catapultar a relação conversacional do processo. E é aqui que a Mindfulness – a meditação da atenção plena – entra em cena.

Sou praticante de meditação há cerca de 15 anos e desde que comecei a meditar minha vida teve um inquestionável incremento de qualidade. E quando me perguntam qual o maior benefício que a prática meditativa tem me trazido nunca tenho dúvida em afirmar que uma melhor lucidez perceptiva tem sido meu maior ganho. Mais recentemente tenho incluído a Mindfulness entre as tarefas de casa dos meus *coachees* e posso afirmar que eles também têm tido consideráveis ganhos na produção dos seus *insights*.

Mark Williams e Danny Penman dizem em seu livro *Atenção Plena – Mindfulness – Como encontrar a paz em um mundo frenético* que *"a atenção plena não exige nada além do que o próprio nome sugere: Atenção! Você só precisa estar completamente desperto e consciente do momento presente enquanto realiza qualquer tipo de tarefa – seja lavar louça, escovar os dentes, caminhar ou trabalhar"*. Mindfulness parte do princípio de que é preciso ter estado de presença para que se use eficazmente todo o nosso potencial perceptivo e operacional. Quando treinamos a consciência de corpo, por exemplo, ao degustarmos com atenção o sabor de um bom vinho ou ao tomarmos banho sentindo conscientemente o frescor e a temperatura da água, a tendência é que os dois processos sejam vividos com plenitude e desencadeiem outras reações neuronais positivas.

No caso do Coaching, quando ouvimos não só a voz do nosso *coachee*, mas prestamos atenção à sua linguagem corporal, à entonação que dá a certas sílabas ou palavras, à sua respiração etc., nossa tendência é não somente entrar em sintonia com ele(a), mas entendê-lo(a) além do idioma e, consequentemente, criarmos intervenções (como, por exemplo, no uso das perguntas poderosas) favorecendo a riqueza de produção de *insights* de ambos.

O renomado médico e escritor Augusto Cury chama de Síndrome do Pensamento Acelerado (SPA) a condição à qual a sociedade hodierna está se submetendo. Esta condição, segundo o médico, é uma das molas propulsoras do processo de ansiedade de que, também, a sociedade moderna tem sido cada vez mais vítima e nada mais bloqueador de um diálogo eficaz do que a ansiedade. E Coaching se faz com diálogo, liderança se faz com diálogo, e para liderar os outros é preciso liderar-se a si primeiro, pois as relações interpessoais são também moldadas pelas relações intrapessoais. Com efeito, se interiormente o *coach* tem seu foco comprometido, é provável que também não consiga levar seu *coachee* a focar no que realmente é produtivo no processo.

Acho pertinente incluir aqui a questão da inteligência emocional no processo de Coaching. Parto do princípio de que somos predominantemente emocionais para dizer que nossos impulsos subconscientes (onde residem as emoções) são vetores, por excelência, de energias que podem favorecer ou desfavorecer nossas relações dialogais. Somos extremamente suscetíveis aos disparos de gatilhos emocionais que sequestram nossa atenção. Por isso se fala de "sequestro pela amígdala" (parte do cérebro onde são arquivados nossos registros emocionais). Gatilho, como definido por Marshall Murray (um dos cinco mais respeitados *coaches* executivos do mundo, segundo a revista *Forbes*), "é qualquer estímulo que tenha impacto sobre nosso comportamento". Aí, mais uma vez entra em cena a Mindfulness como uma ferramenta adequada ao autocontrole emocional. Como os gatilhos podem ser positivos ou negativos, uma vez que tenho consciência do meu estado de presença posso tanto evitar a influência dos gatilhos que desfavorecem minha relação dialogal como posso potencializar os que a favorecem. Um bom exemplo disto é o uso da Psicologia Positiva no processo de Coaching: quando se começa uma sessão de Coaching pedindo ao *coachee* que cite três coisas boas que lhe ocorreram nos dias que antecederam o encontro, o *coach* está predispondo o seu cliente a uma autoinjeção de hormônios positivos que facilitarão o processo abrindo as "torneiras mentais" da criatividade.

Como ilustração ao que foi dito acima posso citar que em minha prática como *coach* sempre faço uma "limpeza de espaço" com meus clientes logo no início da sessão. Neste rápido processo (dura não mais que quatro minutos) levo meu *coachee* ao estado de presença através de um relaxamento dirigido com Mindfulness. Eis um resumo do processo que sempre dirijo com voz baixa e relaxante:

1. Peço que se sente confortavelmente e mantenha a coluna ereta;

2. Sugiro que feche os olhos e faça três respirações de maneira lenta e profunda;

3. Convido-o a perceber seu corpo na cadeira, suas mãos em repouso, seus pés tocando o chão, a temperatura ambiente etc.;

4. Agora peço que ele(a) leve sua atenção para seu coração, pulmões, circulação sanguínea, sua pele encobrindo todo o corpo etc.;

5. Em seguida dirijo sua atenção para seu cérebro e peço para mentalmente repetir (em silêncio) seu(s) propósito(s) em estar fazendo Coaching, reafirmando sua disposição para se entregar à operação com plenitude, determinação e foco;

6. Dou-lhe 30 segundos para se encontrar no seu silêncio e depois peço que, lentamente, abra os olhos.

Em comparação com o tempo em que eu não usava Mindfulness em meus processos de Coaching tenho sentido que o uso da técnica tem agregado significativo valor não somente pelo que observo, mas pelo próprio reconhecimento do cliente. Quando é o caso, tenho passado como tarefa de casa meditações Mindfulness mais longas e, da mesma forma, posso afirmar que tem valido a pena. Posso citar alguns ganhos que ratificam essa percepção:

■ Menos divagações ou a perda do fio da meada com detalhes desnecessários como respostas a perguntas que faço;

■ Mais facilidade na produção de *insights* por parte do *coachee*;

■ Mais leveza nas conversações – o cliente parece ficar mais sereno e mostra maior facilidade em dialogar;

■ Mais assertividade – sinto que o *coachee* tem mais coragem de dizer o que realmente vem à sua cabeça;

■ Mais resiliência – quando há relatos em que aparecem emoções desagradáveis o cliente recompõe-se mais rapidamente.

No que se refere especificamente ao Coaching de Liderança nas organizações onde as relações corporativas tendem a ser mais facilmente afetadas pelas tensões da produtividade no trabalho, imagino que o uso da Mindfulness possa ser igualmente útil, uma vez que vivemos tempos nos quais não basta mais apenas inovar-se, mas fazer mudanças realmente disruptivas. Nunca houve tanta necessidade de se trabalhar a criatividade individual e grupal, já que a velocidade das mudanças e quebra de paradigmas reinam em nosso dia a dia. O verdadeiro líder *coach* da contemporaneidade precisa ser suficientemente hábil para suscitar entre seus liderados estados de serenidade emocional e habilidade de focar para fazer nascer deles as melhores ideias e a melhor rota de autodesenvolvimento.

Referências bibliográficas

BLACK, B.; HUGHES, S. **Ego Free Leadership**. Greenleaf, 2017.

CURY, A. **Ansiedade: Como enfrentar o mal do século**. Editora Saraiva, 2015.

GOLDSMITH, M. **O Efeito Gatilho**. Companhia Editora Nacional, 2017.

MARQUES, C. **Pensando fora do Ego**. Literare Books, 2016.

WILLIAMS, M.; PENMAN D. **Atenção Plena Mindfulness:** Como encontrar a paz em um mundo frenético. Sextante, 2015.

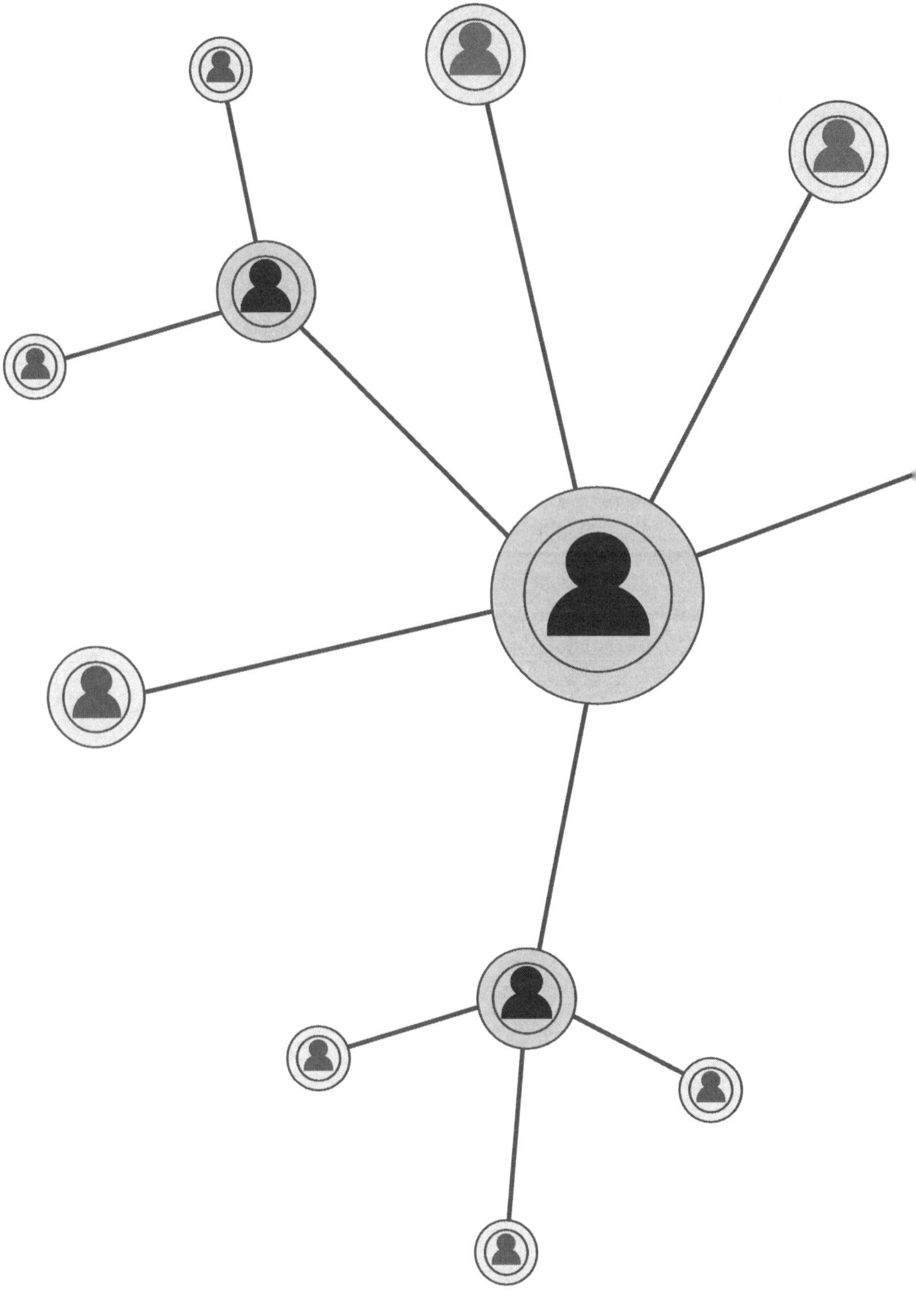

8

O papel da liderança na formação de valores

Daniela Fontes

Daniela Coelho Porfirio Fontes

Psicóloga Clínica e Organizacional, formada pela Universidade Federal de Mato Grosso do Sul/2008. Possui mais de dez anos de experiência na área Organizacional. É formada e certificada em Coaching e Mentoring Humanizado ISOR pelo Instituto Holos. Especializada em Gestão Empresarial e Controladoria – Cenav. Pós-graduanda em Psicologia Transpessoal pelo Instituto Plenitude Humana. Empretec – Serviço de Apoio às Micro e Pequenas Empresas.

Contato

(67) 99941-7858

E-mail: danielafontespsico@outlook.com/

Facebook: Daniela Fontes

Instagram: danielafontes19

O papel da liderança na formação de valores

Qual a sua missão como líder? | Que tipo de líder é você?

"Liderar não é impor. É despertar no outro o desejo de fazer."

Fontes, D. C. P.

Em minha experiência na qualidade de psicóloga organizacional e coach, percebo a dificuldade dos líderes na compreensão de seu papel no exercício desta função. Por mais que haja altos investimentos na capacitação das lideranças, pouco se percebe uma mudança efetiva no comportamento dos líderes.

Por muito tempo me questionei sobre o porquê dessa distância entre o discurso e a prática nas organizações. E eis que encontrei uma resposta após inúmeras reflexões. Trata-se de um processo mais profundo do que um treino sobre liderar. O que não se tem criado nos líderes é a consciência de seu papel na construção de valores em suas equipes.

A liderança é um processo relacional existente desde os primórdios, no período Paleolítico. Os primeiros seres humanos já estabeleciam entre si as relações interpessoais por meio da liderança. Porém este processo era definido pela força e experiência, conforme Gregg R. Murray afirmou em entrevista à revista *Social Science Quarterly*. Os homens que demonstravam maior força física conquistavam o direito de direcionamento em relação aos outros. Eis que se estabelece o primeiro meio de gerir pessoas por meio do poder.

Avaliando a história das religiões, também percebemos o nuance do poder desde Gênesis. Há uma supremacia que define o destino dos homens por meio do poder. Tudo o que não se cumpre conforme as profecias recebe a punição do castigo e do pecado.

É certo que esses modelos foram muito importantes no momento em que se estabeleceram para que trouxessem ordem aos processos implantados a priori.

Porém a reprodução dos mesmos até o momento atual repercute de forma catastrófica no âmbito cultural das empresas, visto que é um processo voltado para o autoritarismo e não para conscientização da tarefa. São estilos que impactam na vida do homem pelo temor e não pela compreensão. A proposta de trabalhar a importância do líder no processo de criação de valores traz a reflexão sobre a educação consciente, o contribuir e gerar riquezas nos meios das influências e compromisso das equipes sobre um resultado que é formado pela soma das partes.

Compreender os valores e transformá-los em hábitos é o que as equipes de grande performance praticam mais do que no modelo de educação por consequências (culturalmente enraizado e reforçado no Brasil). O processo educacional por formação de valores educa pelo nível de contribuição aos resultados.

No Brasil, temos caminhado para mudança nesse quesito. Entretanto, analisando o contexto cultural, lhe proponho a seguinte reflexão: você precisa ir ao trabalho, chega em seu carro, abre a porta, senta-se no banco, liga o carro. Você coloca o cinto? Por quê?

Alguns responderão que é por proteção e segurança, compreendendo que a utilização do mesmo é um meio de proteger a vida (valor). Porém a maioria irá responder que é por conta da fiscalização. É uma exigência, uma lei e se não usarem serão multados (punição).

E eu lhe pergunto: qual é o tipo de liderança que você vem exercendo?

A de valor (consciente) ou de punição (poder)?

É sabido que a mudança desses processos leva tempo. Mas hoje é um excelente dia para iniciar essa transição, afinal, exercemos a liderança em diversos papéis em nossa vida e isso não se limita apenas ao nosso trabalho.

Somos líderes em várias interfaces em que estamos inseridos. E você já parou para pensar qual o tipo de liderança que você exerce em sua família?

Não há como separar estes papéis, independentemente de onde você esteja. Se não tornar seu modo operante consciente, você será vítima dos padrões a priori implantados.

E como realizar a mudança necessária?

O primeiro passo de qualquer mudança é tomar consciência do que somos, e como nos comportamos.

O segundo é nos questionarmos sobre como nossa forma de agir reflete positivamente na vida das pessoas que estão a nossa volta.

1. Estamos construindo ou destruindo pessoas?
___
___
___
___

2. Você tem inspirado ou amedrontado seus subordinados?
___
___
___
___

3. Tem desenvolvido ou castrado potenciais?
___
___
___
___

4. Vê nas diferenças uma oposição ou uma oportunidade de somar saberes?
___
___
___
___

5. Percebe nos pontos de vista opostos aos seus uma afronta, ou uma possibilidade de reflexão?

_____
_____
_____
_____

6. É flexível ou limitado às suas verdades?

_____
_____
_____
_____

7. Pensa no seu mérito ou na contribuição com o todo?

_____
_____
_____
_____

8. Tem formado grupos ou equipes?

_____
_____
_____
_____

9. Tem exigido das pessoas comportamentos que não pratica, ou tem buscado ser exemplo dos valores que analisa como essenciais?

_____
_____
_____
_____

10. Tem a visão de ser servido ou tem buscado servir sua equipe com as ferramentas e suporte necessários para realizar o trabalho esperado?

_____
_____
_____
_____

As reflexões são muitas. Porém você já parou para pensar no impacto que os líderes exercem na vida das pessoas?

O papel de um líder vai muito além de planejamento e gestão de pessoas. Cabe ao líder influenciar e inspirar. É uma missão de direcionamento e desenvolvimento no que tange à performance de uma equipe. A palavra liderança etimologicamente significa condução. E para conduzir é necessário muito mais do que ordens. É preciso:

- Apoiar a equipe em seu processo de desenvolvimento.
- Acompanhar a performance.
- Garantir que as pessoas estejam nos locais certos.
- Compreender os conhecimentos, habilidades e atitudes das pessoas de sua equipe.
- Conhecer profundamente cada liderado.
- Comunicar-se de forma efetiva.
- Ter clareza de onde é preciso chegar.
- Conhecimento de ferramentas que apoiem no processo de gestão.
- Dar feedback às pessoas, alinhando as expectativas (o que eu espero e o que está sendo entregue).
- Ser exemplo dos princípios e valores apregoados para com sua equipe.
- Ser coerente entre o que se pensa, acredita e faz.
- Ser educador.
- Ser justo com sua equipe.
- Compreender quais são as reais necessidades de sua equipe.

- E principalmente: tornar o liderado parte do resultado, incutindo no mesmo a importância e a sua contribuição no resultado. É fazê-lo agir compreendendo, aceitando e praticando o que é valor para a empresa.

O desenvolvimento de todas essas faculdades só é possível quando há no líder a consciência de seu papel na formação de valores, bem como seu comprometimento com o propósito que o trabalho lhe oferece.

É avaliar o desempenho de sua equipe, dando a estrutura necessária para que a mesma tenha condições de chegar ao êxito. Porém sem esquecer de que todas estas ações se destinam ao objetivo principal, que é a geração de resultados.

Muitos líderes se apegam ao discurso de que não possuem vocação para liderar, porém, "o mito da liderança mais perigoso é que os líderes nascem assim – que existe um fator genético para a liderança. Isso é um absurdo; na verdade, é o oposto. Os líderes são feitos, em vez de nascidos". – Warren Bennis.

Outro ponto relevante a ser considerado é o ouvir, visto que "a maior parte dos empreendedores de sucesso tem pouco interesse em ouvir pessoas que não acrescentam algo importante, mas se obrigam a conversar com elas. Fazem isso para ouvir a si mesmos. Bons comunicadores levam em conta tanto o conteúdo da mensagem quanto o modo de transmiti-la, e assim não caem na armadilha de se tornarem tagarelas que só falam bonito", afirma Mike Myatt, em *Hacking Leadership*. Liderança é comunicação, e é uma via de mão dupla. É necessário exercitar esta arte, de compreender, de receber feedback, aceitar contribuições. Nessa relação de trocas, todos crescem!

Stephen Covey, em seu livro *Os 7 hábitos das pessoas altamente eficazes*, retrata as principais características de uma liderança eficaz, tais como Proatividade, Objetividade, Senso de Priorização, Visão Macroestratégica (ganha x ganha), Comunicação Empática, Sinergia e Autoanálise. E, dentre suas reflexões, traz um olhar crítico acerca do nosso comportamento. "Uma das melhores formas de educar nossos corações é olhar para o jeito como interagimos com as outras pessoas. Porque nossas relações são um reflexo da nossa relação com nós mesmos." Por isso é necessário o autoconhecimento. Compreender nossas limitações, porque em alguns momentos o que vemos como impossibilidade é reflexo apenas da nossa limitação pessoal, de nossas crenças limitantes.

O cantor e compositor Raul Seixas também trouxe esta reflexão em seu clássico *Prelúdio*, onde poeticamente elucida a importância da influência de pessoas na transformação de sonhos em realidade. "Sonho que se sonha só é só um sonho que se sonha só. Sonho que se sonha junto é realidade"! E isso nos remete ao convite de influenciar pessoas para que possam fazer parte dos sonhos, metas e objetivos da empresa, pois a realidade depende das ações das pessoas que estão em nossa equipe, diariamente.

Para mensurar a eficácia da aplicação deste modelo, avalie sua equipe. De acordo com Maquiavel, a qualidade de um líder se mede pela qualidade de seus liderados. "O primeiro método para estimar a inteligência de um governante é olhar para os homens que tem à sua volta." (MAQUIAVEL). Se sua equipe funciona sem você, compreendendo a missão que possui, parabéns! Você está no caminho certo. Transmitir à equipe a visão sobre a missão, sobre o valor incutido na realização dessa tarefa, qual o objetivo maior a ser atingido, que vai mais além do que o resultado em si, e é o objetivo principal a ser desenvolvido e criado no íntimo das equipes e liderados.

1. Como você tem trabalhado o senso de missão com sua equipe?
___
___
___
___

2. Qual o maior valor a ser considerado na execução da tarefa?
___
___
___
___

3. Qual é o seu legado na vida das pessoas que você lidera?
___
___
___
___

4. De que forma você tem contribuído para o desenvolvimento e evolução das pessoas que lidera?

_____
_____
_____
_____

A partir dessas reflexões, percebe-se a necessidade de uma mudança no âmbito da gestão para que se crie muito mais do que resultados para a empresa, que se crie mais consciência nas lideranças para que estes resultados obtidos tenham valor agregado. Seja resultado do trabalho de equipes conscientes, comprometidas, engajadas, com atuação sinérgica com suas equipes e que sabem a importância de sua contribuição não só para a empresa mas para os clientes e a sociedade.

Que possamos transformar os sonhos das organizações em realidade através do exercício da liderança consciente, atingindo muito mais do que resultados, gerando valor através do exercício da nossa missão de ensinar.

9

Essência é Essencial

Debby Forman

Debby Forman

Nascida e educada nos Estados Unidos. Cofundadora da empresa CWIST, especializada em introduzir processos de *Mindful Business*. Atua há 30 anos em Estratégias de Otimização de Conversão em Marketing, Mídia e Vendas.

Há 10 anos, ao sofrer um acidente enquanto grávida, mergulhou de cabeça e com a mente nos poderes da neurociência para reaprender movimentos e lidar com dor crônica para o resto da vida.

O poder da mente aplicada na quebra da estagnação nos negócios se tornou a sua paixão e hoje é a base da atuação da CWIST.

Contato

(11) 99891-4964

E-mail: debby@cwist.com.br

www.cwist.com.br

Essência é Essencial

Liderança sistêmica na visão da neurociência

Líderes são os "destacados" dentro de um grupo maior.
Liderança é "coordenar as ações massivas do grupo maior".
Liderança é servir?

- Eva
- Moisés
- Sun-Tzu
- Rei Davi
- Cleópatra
- Marco Aurélio
- Marco Polo
- Henrique VIII
- Napoleão
- Hitler
- Madre Teresa
- Ghandi
- Papa Francisco
- Lula

Todos esses líderes têm conquistas conhecidas, algumas conquistas do bem, outros do mal. Conquistas para melhorar o coletivo, outros o individual. Mas todos lideraram processos de conquista, de atingir metas e resultados.

Quantos dos líderes acima fizeram curso de liderança?

Será que Henrique VIII, em sua formação como Herdeiro do Trono de Inglaterra, teve aulas de liderança? E Madre Teresa? Como será que se chamava o curso de liderança em cada época da humanidade?

- Sobrevivência?
- Conquista?
- Descoberta?
- Preservação?
- Expansão?

Liderar é para poucos. Ser liderado é para os demais.
Liderança faz parte da evolução humana.
Ser liderado faz parte da necessidade humana.

Uma busca rápida no Google destaca os "tipos" de líderes:

- O autoritário, mais conhecido como chefe.
- O especialista ou técnico.
- O liberal com foco na equipe.
- O democrático, foco no líder e equipe.
- O carismático.
- O meritocrático.
- O motivador.
- O *coach*, que lidera pessoas e resultados.
- Sistêmico, visão holística do todo e do entorno.

A liderança sistêmica tem uma origem.

- Mãe. Mãe é a maior função de liderança da humanidade. Mãe é o berço da liderança sistêmica, a visão holística, intuitiva, humanizada. Ao longo dos tempos, a incontável soma dessas mães, líderes sistêmicas, fizeram com que sobrevivêssemos, evoluíssemos, mudássemos de rumo, seguíssemos por rotas migratórias preparando sempre os filhos para serem mais resistentes para uma etapa mais bem-sucedida, melhor vivida, menos sofrida.

Liderança sistêmica tem na sua essência o senso de propósito. Ao nascer um filho, nasce com ele o senso de propósito da mãe.

E o pai da família? E o líder religioso? E os professores e chefes? E o treinador esportivo? E o general do exército? E o síndico do prédio? E o chefe da quadrilha? E o comandante dos bombeiros? E o ministro do Supremo?

Todos, exceto os órfãos, tiveram acesso à liderança sistêmica materna, por mais diversa que seja a sua forma.

Muitos vão discordar de mim. Há mães abusivas que maltratam seus filhos. Sim! Mas, ao nascer o filho, nasce com ela o seu propósito e o senso de propósito de liderar que a leva para liderar o abuso.

Em raríssimos casos uma mãe sacrifica a vida de seu próprio filho abandonando o propósito de liderar. A grande maioria das mães, desde os vilarejos mais remotos, ao longo dos milênios, lidera para que a próxima geração evolua ainda mais.

Com a conexão do umbigo, vem o instinto holístico de mudar o holofote para que o filho, agora o liderado, brilhe mais do que a sua mãe, a líder.

Comportamentos humanos da mãe líder afetam desde a infância o propósito de seu filho que ela lidera. A mãe o acolhe no colo ou o larga no berço quando o filho chora? A mãe dá castigo com uma explicação e lição de vida ou bate na criança? A mãe conversa sobre sexo e drogas ou finge que os assuntos não existem? A mãe incentiva performance ou cobra resultados?

As formas de liderança das mães pela descrição acima parecem ser melhor qualificadas como: autoritárias, meritocratas, democratas, dependendo da forma que a mae exerce a sua liderança. Pois, se uma mãe bater no filho ou não lhe permite expressar seus sentimentos ou oculta informações dele, ela então é líder autoritária e não líder sistêmica? Talvez que sim! #SQN!

Quantas mães enxergam no filho o que o filho não enxerga em si mesmo? Somente quando o filho se torna adulto e olha no retrovisor da vida ele consegue ver sua totalidade, que a mãe enxergava na época, daí naquele momento entende que ele teria feito igual?

Liderança Sistêmica trata do todo do ser humano, desde a sua essência até a execução de tarefas específicas.

Essência é intocável, porém perceptível e mensurável.

Qual é o lugar da Neurociência na liderança sistêmica?

Fazemos a mesma pergunta sobre o lugar da fé, da religiosidade e das práticas milenares de *Mindfulness*.

A Neurociência começa a conseguir comprovar o lugar da neurossinapse e conectividade neurológica no lugar do que eram considerados ao longo de milênios atos do divino, do diabo, da bruxaria, do místico, do sábio...

Estamos confrontados hoje com uma contradição genética. De um lado, fomos geneticamente programados para estocar gordura e energia para a sobrevivência. Recebemos doses de adrenalina para nos mantermos em estado de alerta em momentos críticos. A subida da adrenalina faz o coração bater mais forte, a respiração acelerar, os músculos tensionarem, e os cinco sentidos ficarem mais agudos. Ao término da sessão do uso da adrenalina (caça, guerra, fuga) o corpo relaxa, enquanto a adrenalina baixa, dando lugar e espaço para a recuperação e a elevação da serotonina, o hormônio da felicidade.

Pergunte para qualquer pessoa na rua quantos apps do celular ela sabe usar. Facebook, Instagram, WhatsApp, YouTube, Waze, Google, Ifood?

Mostre uma imagem dos apps do cérebro para essas mesmas pessoas: córtex frontal, hipófise, amígdala cerebral, hipotálamo, e peça para ela explicar suas funções.

Essa é a nossa contradição. Aliás, se aqui você, leitor, não sabe responder, faça uma busca no Google e comece a usar os apps do seu cérebro com sua própria inteligência, que é o ponto de partida da liderança sistêmica.

É por essa razão que nos dias de hoje há um foco tão grande no RETORNO da liderança sistêmica, que incorpora as práticas milenares holísticas que fizeram parte de todas as grandes culturas e sociedades desde a antiguidade.

A liderança sistêmica engloba a visão do todo, da essência, do holístico, das causas, das origens e como fomos geneticamente programados. A liderança tem que levar em consideração a natureza do ser humano e sua necessidade de equilíbrio bioquímico.

Mantras, rezas, músicas e danças rituais, retiros, reflexões, meditações, fumaças, fogueiras, céus, "*storytelling*" foram incorporadas em todas as culturas de uma forma ou outra e sempre em volta da fé em seu formato que desse explicações e justificativas para o inexplicável. Os rituais tiveram a função de organizar a comunidade, baixar a adrenalina para que as mentes pudessem refletir massivamente sobre como chegar nas metas estabelecidas.

Caciques, padres, rabinos, monges, curandeiros, navegadores, generais, parteiras, os líderes das ações e rituais eram aqueles que pudessem manter a ordem pacificada na coletividade. Houve épocas em que a ordem era conquistada pela força, e em outras democraticamente. Mas sempre que a ordem desordenou, quando o massivo virou contra, a então liderança deixava de existir, dando espaço para uma nova liderança, moldando novas formas de liderar para serem melhores do que a anterior.

Num espaço de tempo curto, houve um distanciamento massivo da prática de rituais como rotina diária de vida para a incorporação deles em momentos esporádicos, sem entender a razão pelo qual existiam, e que a ciência explica nos tempos modernos.

Psiquiatras, neurologistas, psicólogos, gastroenterologistas vivem com seus consultórios lotados com queixas de dores de cabeça, ansiedade, dores musculares na nuca, costas, lombar, maxilar, dores de estômago, falta de sono, irritação, depressão, sobrepeso, obesidade, diabetes e hipertensão. Quando não dá acesso e permissão ao corpo para baixar a adrenalina, é isso o que acontece.

O mais triste da história é que é isso mesmo, é a geração adulta de hoje que nunca aprendeu sobre sua anatomia e a coligação entre a anatomia e seus resultados.

Empoderamento é o resultado da Liderança Sistêmica.

Para empoderar é necessário limpar o pó da mente.

Não é por acaso que o assunto é um dos mais buscados pelas organizações de trabalho. Redução de empenho, afastamentos, ambientes não pacíficos, metas não atingidas se tornaram uma doença crônica dentro das empresas. Reflete em custos maiores com planos de saúde, atrasos em entregas e rotatividade de funcionários. O custo do passivo supera qualquer investimento na cura, mas as empresas resistem em investir, porque tratar do assunto requer chegar na origem, um lugar que chacoalha hierarquias e lideranças.

A Neurociência por trás da Liderança Sistêmica é a bola da vez.

Nossa empresa CWIST conta com a parceria da dra. Claudia Klein, neurologista e sócia da Clínica MINND Medicina Integrada Neurologia, Nutrição e Dermatologia. Dra. Claudia desenvolve conosco processos lúdicos aplicados dentro das empresas no nível das rotinas e processos cotidianos num formato de engenharia reversa. Primeiramente o *awareness* para provocar um novo *mindset* e depois implementamos novos meios nos processos para converter o *awareness* em resultados otimizados. Em outras palavras, ressignificar a mesma atividade.

Infelizmente, as empresas e suas lideranças esperam para buscar resultados somente quando o quadro chega num extremo.

Em conjunto com a dra. Claudia, focamos na causa da estagnação nas empresas, cuja origem é quase sempre associada às doenças da síndrome de estresse decorrente do transtorno de ansiedade, relacionado aos impactos da forma como as empresas e seus funcionários lidam com a vida moderna.

Pelas estatísticas, as doenças decorrentes das alterações comportamentais são aquelas que mais causam impacto na sinistralidade empresarial.

A experiência com milhares de pacientes olhando os dois lados do mesmo problema, líderes e liderados, levou ao desenvolvimento do processo de "awareness", ou seja, a conscientização para descortinar e sensibilizar causa e efeito. O processo é simples de ser administrado e difícil na sua absorção porque requer mudança de padrão de comportamento que só começa, em muitos casos, ao se liberar o cérebro para receber novos *inputs*.

Simples versus difícil.

Respirar é simples.

Respirar e ativar o córtex pré-frontal é difícil e é o diferencial dos grandes líderes sistêmicos.

Oxigenar o cérebro é simples.

Oxigenar o cérebro assertivamente é difícil.

Quando o ser humano se depara com situações difíceis e estressantes, tanto na visão do líder quanto na visão do liderado, acessamos e ativamos o cérebro primitivo conhecido como o cérebro amigdaliano, que é o responsável por descarregar uma quantidade imensa de adrenalina para promover a ação de fuga ou de luta. Essa área requer pouca oxigenação porque serve apenas para proteger em circunstâncias emergenciais, resultando em batimento cardíaco acelerado, tensão muscular conforme o sangue é bombeado para os músculos, acidez no estômago e aumento da pressão arterial para a tomada de decisões rápidas.

O problema da vida moderna é que nossos cérebros vivem no modo "emergencial" e isso produz uma deturpação da nossa capacidade de acessar o restante do cérebro e consequentemente limitando a expansão da mente. Ao não acessar o córtex pré-frontal, não haverá liderança sistêmica.

O papel do córtex pré-frontal é agir como o "maestro" do cérebro e coordenar a amplificação da visão mental, o requerimento básico para a liderança sistêmica que engloba a visão holística, ou seja, a visão do todo. O córtex pré-frontal organiza nossos propósitos, permitindo a elaboração estratégica da mente, versus a amígdala cerebral, que é uma espécie de extintor de incêndio.

Líderes tradicionalmente usam palavras, dão instruções verbais e escritas. Quantos líderes ativam os outros sentidos de quem lidera? Liderança sistêmica cuja visão é "o todo" requer um processo de remapeamento de como chega a informação ao cérebro da equipe. Ativar os outros sentidos – tato, visão, paladar e olfato – é instintivo à liderança sistêmica maternal.

A origem da liderança sistêmica baseada na afetividade materna dispara no líder a capacidade de resiliência e acesso ao córtex pré-frontal. Esse resgate ao instintivo ativa a neuroplasticidade, que é a nossa capacidade de revisitar e amplificar novos conceitos, conectando nossos dois hemisférios cerebrais, o racional/objetivo do lado esquerdo com o lado direito, também conhecido como o intuitivo/subjetivo.

O grande líder sistêmico lidera primeiramente a si mesmo. Ele tem o conhecimento e sabedoria de acessar seu córtex pré-frontal, organizar as respostas sem ativar o "estado emergencial" da amígdala cerebral.

Perguntamos para o leitor que deseja se tornar um grande líder: "Você lidera seus próprios pensamentos? Sabe liderar sem provocar nos liderados os efeitos da síndrome do estresse?"

Encerro este capítulo como aprendiz constante sobre a curadoria da dra. Claudia Klein.

Aplico comigo o que aplicamos com nossos clientes.

É simples, porém não é fácil otimizar a capacidade de liderar sistemicamente. Vivo na aprendizagem diária de como me empoderar cada vez mais na relação do uso dos meus apps cerebrais dentro da rotina insana de São Paulo. O resultado é um aumento gradual e constante da melhora em saúde, paz, equipes felizes e mais dinheiro no bolso.

#AcesseSeusApps

10

Caminhando para uma Ecologia Pessoal, com o outro e com o Todo

Débora de Moraes

Débora de Moraes

Mestra em Odontopediatria e ortodontista há 33 anos. Instrutora de Yoga e Yoga Dance. Pós-graduada em Psicologia Transpessoal pela Uniluz (Universidade da Luz). Formação em Holística de Base Cultura de Paz e Transdiciplinaridade pela Unipaz (Universidade Internacional da Paz-SP), Pranic Healing, Constelações Familiares e Sistêmicas, Atendimento Individual e Pedagogia Sistêmica pelo Idesv (Instituto Desenvolvimento Sistêmico para a Vida) e pela Hellinger Schule, Constelações Estruturais e Coaching Sistêmico com Guillermo Echegarray, Coaching e Holomentoring pelo Instituto Holos. Participou de seminários com Bert Hellinger no Brasil e na Alemanha e de cursos com renomados profissionais da área sistêmica. Master em PNL. Terapeuta e fundadora da Constelar Terapias Sistêmicas.

Caminhando para uma Ecologia Pessoal, com o outro e com o Todo

Atuando como odontopediatra por 34 anos, despertei a atenção às dinâmicas familiares e muitas vezes me questionei como poderia contribuir de forma positiva, diante dos relatos e desabafos que ouvia. Ponderei que para eu dar algo de bom, uma reflexão coerente e respeitosa, precisava compreender mais a vida, me conhecer e responder meus próprios questionamentos, e assim iniciei minha busca na lapidação pessoal, no autoconhecimento, no encontro comigo.

Quanto mais nos conhecemos, atravessamos nossos desertos e vivemos os dias ensolarados com equanimidade, aprimoramos nossa capacidade de cuidar. Por outro lado, se guardamos dores não reconhecidas ou integradas, dificuldades e julgamentos que estreitam o olhar para o mundo e um repertório limitado de recursos internos, o que verdadeiramente temos para disponibilizar? Só podemos dar aquilo que temos e acompanhar até onde chegamos, não é?

Proponho neste breve capítulo um passeio heurístico por diferentes abordagens a fim de refletirmos como e quanto olhamos para nós mesmos e a relação direta com nosso papel de acompanhante, seja como terapeuta, *coach*, cuidador. Com autoconhecimento adquirimos maturidade e plenitude, podemos sair da normose, indo além das imposições, normas, regras e valores estagnantes e trilhar um caminho com autenticidade.

Sermos protagonistas do nosso processo de bem viver nos leva a indagações inadiáveis: **Qual o sentido, a razão e o intento de existir? Para que eu existo?** É o momento em que nos conectamos com nossa estrela guia e contamos a nossa história, com presença, consciência e responsabilidade. Ao nos tornarmos presentes, único lugar onde realizamos, precisamos nos despedir do passado e sair das roupagens que nos revestiam, pois assim ficamos livres e possibilitados do cuidado integral e viver pleno.

Considero de suma importância a abordagem holística no que se refere à integração dos caminhos analítico e sintético, onde temos no analítico o consumir, ter, saber, um acúmulo de conhecimentos e informações e no sintético, o caminho do conhecer-se, do escutar-se, do ser, incluindo também o sagrado. São dimensões complementares, o **saber**, disciplina do estudo, a *hologia*, e o **ser**, vivência profunda, a *holopráxis*, juntas compondo o caminho holístico. A holopráxis diária um é caminho para o autoequilíbrio, para despertarmos a ecologia da presença, esvaziamos de nós mesmos e expandirmos a consciência. Reservar para nós o nosso melhor tempo com disciplina, foco e constância. Despertarmos a presença, o contemplar que vem de uma **atenção plena** nutrindo uma conexão conosco, com o outro e com o todo no agora, abrindo mão de apegos e referenciais ao passado e futuro, o caminho da verticalização.

Tão necessária quanto a entrega incondicional ao agora é a **aceitação**, o sim à realidade. A não aceitação cria fragmentação, rouba energia, levando à estagnação e paralisando o processo evolutivo.

Em seu Processamento Integrador, Ruskan considera que carecemos da aceitação de sentimentos e condições negativas em nós para nos liberarmos. Os sentimentos não aceitos ou integrados são dolorosos e se tornam problemas produzidos pela resistência. Na aceitação a vida enriquece com uma consciência de prosperidade material e espiritual real e não ilusória, a criatividade se manifesta, a felicidade se torna incondicional. Ele resume o processo em quatro etapas: **Consciência, Aceitação, Experiência Direta** e **Transformação**.

Com aceitação caminhamos para a **transformação** e nos aproximamos do desejo mais profundo que nos trouxe a essa existência, a tarefa que viemos realizar e é intransferível, nossa **vocação. O que faz tocar as cordas do nosso coração?**

Mais um passo é tomarmos consciência de nossas tendências, preferências, e nos empenhar para integrar em nós as funções psíquicas trazidas por Jung: pensamento, sentimento, sensação e intuição de modo a desenvolver as menos favorecidas e equilibrá-las. Sermos capazes de flexibilidade e movimento, relaxamento e maleabilidade, com atenção plena nas ações. Termos paciência com nosso ritmo e com o ritmo do outro, porque cada um tem sua sabedoria implícita. Contemplar o casulo, aguardar a crisálida e permitir que nasça a borboleta.

A compreensão de nosso comportamento remete a um cenário bastante profundo, onde se encontra a nossa matriz modelo, a família e suas dinâmicas peculiares.

Na visão da Psicogenealogia, segundo Anne Ancelin Schutzenberger, o que nós mais precisamos são nossas raízes. No genossociograma ela demonstra a repetição de dinâmicas de forma inconsciente de traumas psicofísicos dentro da árvore genealógica que se revelam no presente, em forma de comunicação não verbal, e que pode trazer esclarecimentos salutares.

Bert Hellinger nos presenteou com o trabalho das Constelações Familiares, uma síntese cuidadosa e abrangente de alguns saberes como a análise transacional, Gestalt-terapia, hipnose, PNL, terapia primal, psicodrama, terapia familiar. Ele percebeu uma conexão familiar com tendências de repetição de atitudes, enfermidades, tragédias, sintomas, e até mesmo mortes mantidas por uma lealdade ao sistema. Constatou ainda que temos uma consciência pessoal que experienciamos como leve e pesada e avalia nossos atos sem a moral de certo ou errado. Quando alguém faz algo que ameaça seu pertencimento ao sistema familiar, sente-se de consciência pesada, culpado. Já quando as regras são seguidas e cumpre-se o que é esperado perante o grupo, garante seu pertencimento, sente-se de consciência leve, inocente. Ele descobriu ainda que existe uma consciência grupal comum, uma alma reguladora que atua e rege um grupo de pessoas delimitado de cada família e que sua existência é percebida pelos efeitos trazidos por ela. Nessa alma gregária reguladora predominam sentimentos, paixões, apegos cegos e o desejo de sermos bons, leais e inocentes, o que corresponde a dizer que copiamos certos padrões para garantir lugar e amor.

Essa consciência grupal se guia por três leis sistêmicas:

Pertencimento

Quanto ao pertencimento e vínculo e a consciência de grupo não admite exclusões, esquecimento e expulsões sem exigir uma compensação, normalmente vivida por um descendente, a geração posterior.

Ordem/hierarquia

Ela não admite a interferência de quem chegou depois nas questões e assuntos dos que chegaram antes, assim cada um deve permanecer em seu respectivo lugar. Na ordem de chegada os pais vieram antes e dão aos filhos tudo como foi possível, e são grandes; os filhos tomam tudo sem exigências e, por terem chegado depois, são pequenos. O resultado da interferência por parte dos filhos pode levá-los a dificuldades de diversas ordens como fracassos, doenças, dificuldades em relacionamentos de casal e destinos difíceis. No profundo da alma, ainda que os reprove, o filho se identifica com seus pais e, se não os ama, não pode se amar. Aceitar a realidade como ela é implica aceitar nossos pais como eles são, mais reais que perfeitos, pois representam nossa existência, por meio deles a vida se manifestou. Quem nega a própria origem apaga sua identidade.

Equilíbrio entre dar/tomar

Com relação ao equilíbrio, é exigido que haja compensação no que foi dado e recebido.

Uma pessoa que agir por amor e de consciência leve pode infringir as leis da consciência grupal, e com isso colher efeitos ruins para ela mesma ou para os descendentes.

Hellinger denominou as leis de "Ordens do Amor", pois vem de um amor profundo entre descendentes e antepassados. São leis naturais, independem de nossa concordância e somos submetidos a elas incondicionalmente.

O reconhecimento e a honra não precisam ser presenciais e sim uma consideração verdadeira e interna em forma de intenção genuína.

Após um contato com a Ecologia individual, passamos agora as reflexões sobre nossa postura como terapeuta e *coach*.

Segundo Crema, o terapeuta é um suposto **encontrar**. Ninguém cura ninguém, ninguém se cura sozinho, nos curamos no encontro consigo, com outro, com outros, com a natureza, e com o mistério. Encontrar é a matriz do cuidar.

O autoencontro é o encontro consigo, o cuidar de você, aprender a reconhecer-se, aceitar-se e confiar em si. O encontro com outro representa abrir espaço em si para o desconhecido, reconhecer aceitar e respeitar o outro. E temos ainda um outro encontro que é uma abertura para a totalidade, ver o **Ser** que nos faz ser, despertar para entregar-se, uma etapa iniciática da individuação. O terapeuta tem como função apresentar o outro a si mesmo, mas antes, como dito no Oráculo de Delfos, "Conhece-te a ti mesmo", busquemos ser congruentes, com concordância entre o que se faz e o que se diz. Assim podemos ficar centrados em nós e acompanhar o outro com aceitação incondicional, empatia, silêncio interior, sem julgamentos e rótulos, abrindo um espaço de escuta e comunhão que seja transformador.

Cabe ao terapeuta o **escutar,** uma arte que pede silêncio, ausência de projeções passadas, atuais ou vindouras.

Como podemos amar alguém sem escutá-lo?

Ouvir é audição e escutar é interpretação, interpretar uma lágrima, um olhar, um gesto e também sermos capazes de **abençoar**, bendizer, bem-olhar e celebrar a existência.

A ajuda é uma arte que pode ser aprendida e praticada incluindo uma sensibilidade para a compreensão de quem nos procura, o que é adequado ao outro, respeitando assim o que o satisfaz em sua busca e não o que julgamos adequado.

Nas ordens da ajuda, Hellinger cita que é fundamental que o ajudado necessite e deseje aquilo que podemos e queremos dar a ele, e somente podemos dar ao outro aquilo que temos. É importante estarmos atentos aos talentos e dons que temos a oferecer. Como oferecer tolerância, paciência e tempo, por exemplo, se não os dispomos?

Também não podemos carregar ou fazer pelo outro o que só ele mesmo pode realizar dentro de suas reais circunstâncias, ainda que considerando ser uma ajuda, na maioria das vezes, é uma invasão, pois deixamos de respeitar a dignidade e força do outro em suas realizações. Uma intromissão mostra mais uma importância pessoal, um desejo de reconhecimento a um real desejo de ajuda.

Acolher quem nos procura é estarmos na disponibilidade como adulto para outro adulto a fim de evitarmos transferências. Ao receber um cliente que traz a sua criança ferida, suas dores e indignações, se nos colocamos em uma postura de julgamento aos seus pais, sua história, acabamos por não incluí-los, nos considerando melhores que eles, correndo assim o risco de assumir o lugar desses pais. Com o tempo, toda insatisfação que ele sentia com relação aos próprios pais é transferida ao terapeuta.

E, se não estivermos reconciliados com nossa própria história, mais dificuldade teremos de acolher o outro e sua história, ou seja, nos identificamos com queixas semelhantes e aí reside a dificuldade em conseguir realmente auxiliá-lo nas suas compreensões, na sua despedida dos pais e também do terapeuta. Permanecendo apenas com a função que nos compete evitamos reivindicações feitas como criança aos seus pais e deixamos de protegê-lo do que ele precisa e pode cuidar, com responsabilidade e assumindo consequências.

Ao desenvolver uma empatia sistêmica incluímos a família e não o indivíduo isolado e isso só se torna possível quando quem se dispõe a ajudar também se sinta parte integrante de sua própria família. Dessa forma ampliamos o olhar, o contexto e evitamos que julgamentos excludentes se instalem. Colocamo-nos a serviço de reconciliar, unir, respeitar e amar cada um como é. Exige percepção e coração disponíveis, um centramento interno, sem intenção, sem diferenciações, sem medo. Entramos em ressonância com o outro, observando, sintonizando com sua origem, e principalmente com seus pais, seu destino, suas possibilidades e limitações, com consequências de seu comportamento, sua culpa, e finalmente com sua morte, e saio das minhas próprias intenções, meus julgamentos e meu ego. Não há tomada de responsabilidade pelo outro e ambos seguem livres.

Podemos acrescentar o que Dilts trouxe como *awakener*, o que dá suporte ao acompanhado para prover contextos e experiências que possibilitem o melhor entendimento sobre amor, sobre si mesmo e sobre a espiritualidade. Tem como princípio despertar os demais através de sua própria integridade, congruência e levá-lo em contato com sua própria missão e visão por estar em consonância com essas concepções. Estamos todos em uma jornada juntos pela vida e a esse respeito somos todos iguais.

Para o *awakener* a tarefa é auxiliar o outro a romper velhos padrões e hábitos, o que corresponde a sair dos trilhos da normose e se aventurar nas trilhas autorais da jornada na citação de Crema, o caminho iniciático de Graf Dürckheim, o viver na Grande Alma, por Garriga.

Convido-os a despertar o buscador intrépido, viver e olhar para a realidade, para a vida de coração aberto e audaz, com benevolência e humildade. Amalgamar nossas partes desconectadas com amorosidade e paciência. Sermos receptivos conosco, com outro e com o Todo.

Namastê!

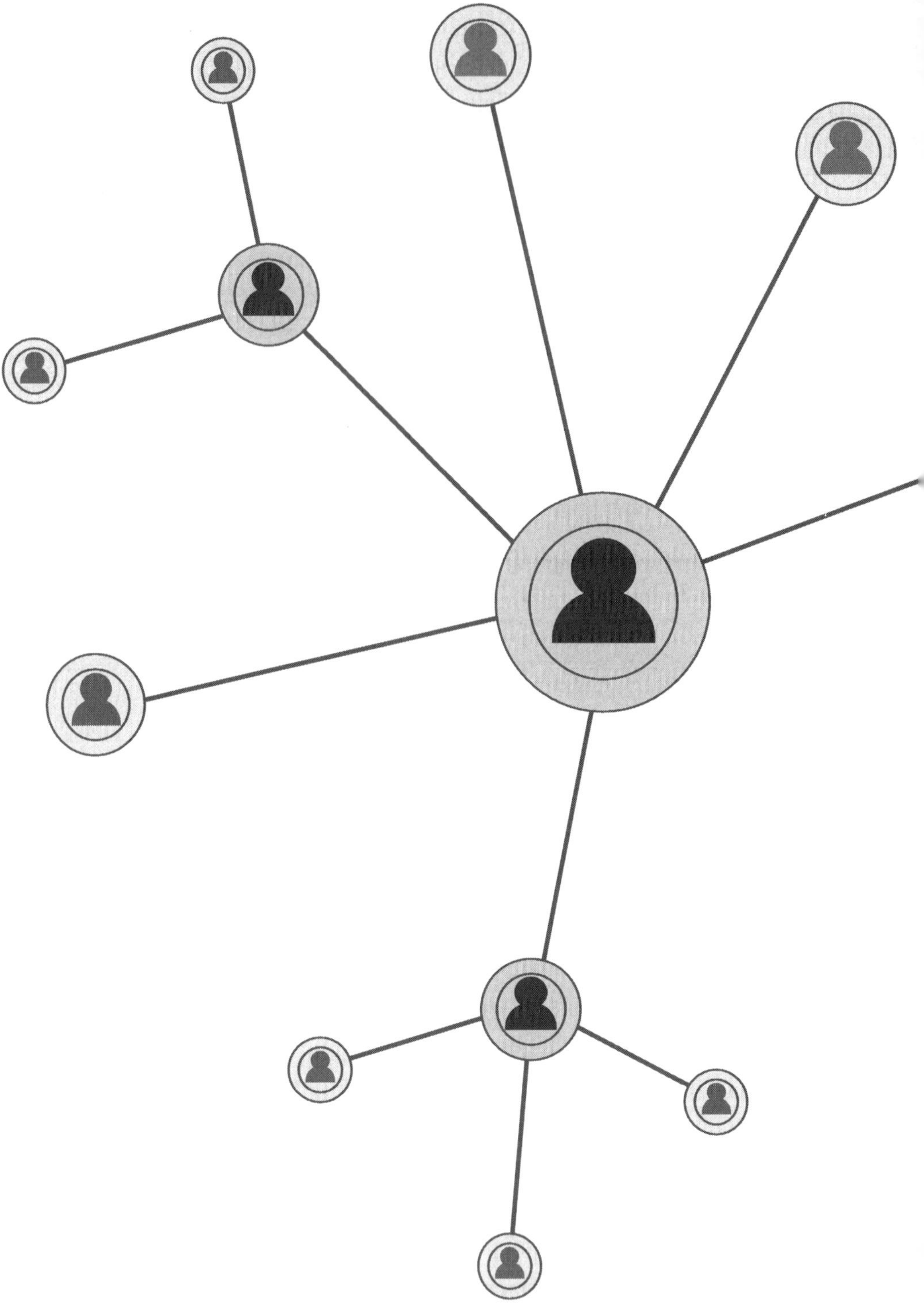

Mapeamento da vida
O caminho
da liderança

Dimitrius Asvestas

Dimitrius Asvestas

Palestrante, conferencista, escritor. Fundador do Instituto THOR de Desenvolvimento Humano, que tem por objetivo e missão de existência ajudar pessoas a descobrirem o que as faz felizes e viver uma vida com sentido. Conselheiro da Associação Comercial de São Paulo. Especialista em Comportamento Humano. Educador financeiro com foco em planejamento financeiro para vida (finanças pessoais e proteções). Desenvolve palestras para projetos sociais como voluntário em programas de desenvolvimento de Liderança Juvenil em Rotary (Projetos Ryla e Rumo). Colaborador voluntário do Orfanato Cantinho Mei Mei em São Bernardo do Campo (SP). Mototurista, membro do Motoclube Bodes do Asfalto.

Contato

WhatsApp: (11) 95910-1587

E-mail: dimitrios@thormentoria.com.br

www.thormentoria.com.br

Mapeamento da vida
O caminho da liderança

Muito se fala nos dias de hoje sobre liderança e os seus mais diversos tipos. Liderança baseada em princípios, liderança servidora, liderar pelo exemplo, liderança situacional, líder *coach*, liderança autocrática, líder liberal, e vamos por aí afora. No entanto, como podemos pensar em liderar um time, se na maioria das vezes sequer nos conhecemos? O real caminho em ser líder só é possível a partir do momento em que nos conhecemos profundamente. **"Conheça-te a Ti Mesmo",** frase que é atribuída ao filósofo Sócrates, indica que, para se viver uma vida mais plena, obrigatoriamente devemos passar pelo autoconhecimento. O líder necessita tomar conhecimento de suas dificuldades, anseios, crenças, valores, motivação, impressão, suas lições cármicas de aprendizado nesta vida e como aprender a lidar com as dificuldades naturais da vida e conseguir tomar as decisões adequadas.

Não há como exercer o papel de líder sem, antes de mais nada, termos clara qual nossa razão de existir. Nossa missão de vida, como gosto de dizer, nossa **"Missão de Alma",** que alguns podem chamar de **Propósito de Vida.** Basta entendermos que, se o líder não sabe para onde vai, como pode pensar em guiar um time de pessoas, seja na empresa, na comunidade ou em seu próprio lar?

No grande livro da vida lemos em João 8:32: **Conhecereis a Verdade e a Verdade Vos Libertará**. De alguma maneira conseguimos perceber que Sócrates e Jesus falam a mesma coisa de maneiras diferentes, certo? Portanto é importante entendermos o que significa conhecer a verdade, e o que representa estarmos livres a partir desse conhecimento. Somente quem está livre das armadilhas mentais, dos Eneagramas (traumas registrados em nossa mente reativa, a partir de dor física ou emocional), dos medos e incertezas em relação ao caminhar pela vida, é que pode então exercer a Liderança em sua plenitude. Razão, Emoções e Espiritualidade são as três dimensões que devem estar em harmonia para que possamos avançar em nosso autoconhecimento.

O autoconhecimento nos empodera, permitindo que no exercício do papel de líder consigamos usar a razão para aprender e pensar corretamente, construindo assim pensamentos coerentes, avaliando corretamente as circunstâncias em que vivemos e conseguir não só tomar decisões práticas e adequadas, mas acima de tudo entender e saber interpretar os sentimentos daqueles que estão em nossas equipes ajudando-os a conseguirem entregar o melhor que cada um possui dentro de si.

Atualmente abordamos um novo tema, Liderança Sistêmica, que tem como propósito facilitar e inspirar a ampliação da consciência sistêmica para uma liderança mais ampla e eficaz — a **Transliderança**.

Antes de avançarmos para um tema tão profundo vamos compartilhar alguns tipos de liderança mais evidenciados em nossa época.

A liderança pela mente

Esta forma de liderar tem seu foco no hemisfério esquerdo do cérebro, assim é caracterizado por pensamentos racionais, lógica, razão, e que seguem regras, normas e processos.

Líderes que trilham esse caminho têm seu foco em fatos e acontecimentos registrados no passado ou metas/objetivos alcançados e utilizam essas métricas para definir o futuro, buscando no momento presente informações que possam ser alinhadas para, através de um processo lógico, estabelecer possíveis resultados, não estando abertos a analisar ou validar outras formas de planejamento, rejeitando todas as outras possibilidades. Esse estilo de liderança traz grande dificuldade para conduzir as equipes e assim compromete possíveis resultados almejados.

Líderes assim buscam controlar a mente de sua equipe, agindo por imposição de suas ideias, não admitindo erros e terceirizando a culpa ou responsabilidade pelo não atingimento de resultados. O foco principal está no controle de todos os processos, não compartilhando com a equipe, sendo deterministas em definir as regras e processos a serem **"seguidos"**.

Todo estilo de liderança, por sua vez, traz consequências emocionais tanto para a equipe quanto, no longo prazo, para o próprio líder, pelas características inerentes à maneira de conduzir.

Um trabalho sob constante pressão, ausência de espaço para permitir a expressão e compartilhamento de ideias dos membros da equipe, impossibilidade de se estabelecer proximidade entre as equipes, criando distanciamento e competitividade, de tal forma que as relações se tornam enfraquecidas.

Equipes com gestor com esse perfil ou estilo de liderança levam seus membros a somatizarem doenças físicas e problemas emocionais, como angústia, depressão, dentre outras. Constante de mágoas e ressentimentos, desejos de vingança criam um ciclo vicioso de perdas perenes em termos de qualidade de vida para todos os envolvidos.

A liderança pela emoção

O líder que tem este estilo busca trabalhar com suas equipes focando o lado emocional das pessoas. Por isso, geralmente perde o foco principal dos objetivos traçados e das atividades inerentes ao atendimento das metas necessárias para o crescimento pessoal ou da empresa. Há uma predisposição para ouvir mais as pessoas de suas equipes, no entanto, preferencialmente ouve aqueles com os quais tem mais afinidade. Pela proximidade emocional que tem em relação a certos membros da equipe, esses determinam as escolhas que fazem.

Como o foco é o lado emocional da sua equipe, tende a tratar de maneira áspera, rígida, ou de forma impulsiva aqueles com os quais não há afinidade, dessa maneira criando um ambiente de instabilidade e discórdia, provocado por ciúmes, inveja e discriminação entre membros da mesma equipe que sentem haver privilégios para uns em detrimento de outros que não são **"amiguinhos do chefe"**.

Com o passar do tempo, pela maneira que age, consequentemente cria situações em que passa a ter dificuldade em liderar, criando animosidades e não conseguindo desenvolver a própria equipe.

Como resultado, equipes que têm líderes emocionais tendem a ficar vulneráveis aos estados de altos e baixos, dependentes do quadro emocional da equipe, o que acaba culminando em frustrações, queda da autoestima, altos níveis de estresse e somatizando casos de depressão.

Liderança Sistêmica

Liderança Sistêmica passa a ser um divisor de águas ou um marco no processo de desenvolvimento da liderança.

Esse estilo por sua vez tem como foco a essência das pessoas. O líder nessa posição tende a reconhecer em todos os membros do time a sua individualidade e a capacidade de somar com o todo. Aberto à participação, ao compartilhamento de ideias e propostas, entende que a contribuição de cada um é de fundamental importância para o desenvolvimento do time como um todo.

Reconhece a unidade como um todo indivisível, onde cada parte é necessária para composição do todo. A partir do entendimento e integração da razão e da emoção, consegue integrar as equipes, proporcionando um terreno produtivo para o crescimento e desenvolvimento de todos.

Tem a habilidade de despertar o melhor em cada colaborador ou pessoa ao seu redor, permitindo assim que se contribua para o crescimento geral e de maneira harmônica para que todos consigam atingir os objetivos propostos. Dessa maneira, consegue um ambiente de equilíbrio, bem-estar, em que permeia a sensação de realização e amor entre todos, consolidando respeito em um ambiente onde prevalece a paz, fazendo com que aumente a energia vital das pessoas e consequentemente o entusiasmo pela vida.

No entanto, como podemos e será que podemos identificar qual gestor tem esse perfil ideal? Se a princípio esse é o perfil ideal de um líder, por que muitos agem de maneira diferente? Por que muitos líderes levam suas equipes ao limiar do estresse num ambiente de animosidade e guerrilha?

Ao longo de minha jornada nos últimos 22 anos, venho pesquisando e estudando profundamente o comportamento humano, e conseguimos pontuar com precisão assertiva que cada um tem – cientificamente comprovado nos dias de hoje – sua própria Missão de Alma e resgates a efetuar na escola da vida. Diante disso, aprendemos antes de mais nada que a citação de *Sócrates,* há mais de 400 a.C. – **Conheça-te a Ti Mesmo** –, é mais atual e de vital importância para o momento presente.

E de que maneira podemos efetivamente entrar em nosso interior e buscar esse **"Conhecer"**, esse entendimento de quem efetivamente sou EU, e quais meus aprendizados e acertos que estou aqui para realizar?

A partir da utilização de diversas ferramentas profissionais, como Mapa de Perfil Comportamental, Mapas Numerológicos, Mapas Astrológicos, dentre outros, conseguimos descriptografar a essência da vida creditada a cada um de nós quando chegamos – nascemos – efetivamente neste plano terrestre. Nossos nome, data de nascimento e horário embutem dezenas de páginas de informações de vital importância que irão proporcionar o **"Despertar"** consciente de nossa real **"Missão de Alma"**.

Despertar para as dimensões nas quais estamos inseridos – mental, emocional, corporal e espiritual – e como integrá-las para assim poder dar a importância de reconhecer o impacto de nossas atitudes e comportamentos em nós mesmos, nos outros e no sistema em que estamos inseridos. Possuir esta visão sistêmica nos permite a compreensão de que tudo está interligado e que não há como interferir numa área, num setor, numa equipe, sem que isso venha a impactar outros, e consequentemente o todo.

Perceber e tomar consciência da minha existência abre as portas para então conseguir entender o próximo, praticar empatia, percebendo, sentindo o outro como minha própria extensão ou espelhamento da minha mente.

Torno-me um observador constante de tudo ao meu redor entendendo com clareza que estar numa posição de liderança tem como princípio meu próprio desenvolvimento.

Aceitação, integração, participação, entendendo que não existe na realidade o mundo da dualidade, e sim o mundo da unidade como um todo.

Assim como é a existência Divina, Onipresente, Onisciente e Onipotente, os líderes da atualidade praticam a Liderança Sistêmica por entenderem que o time de trabalho, a família, a sociedade são um todo.

Mapear a própria vida trata-se de apoderar-se do seu próprio EU. Reconhecer de maneira consciente a **Divina Presença – EU SOU –** que habita em nosso interior.

Consequentemente conseguimos acessar nossa **"Sabedoria Interior"**, que passa ser nosso guia, nossa luz, para assim iluminar e guiar o caminho daqueles que lideramos. Esse **"Despertar"** transforma nossas atitudes de maneira positiva, inspirando as pessoas a se comprometerem com os processos, pois caminhamos na certeza de que os resultados almejados não estão mais no plano do exercício do "Ego", mas sim com foco no contexto da comunidade ou humanidade.

Mapeamento da vida entendo ser o primeiro passo para entender, interpretar e compreender a própria essência interior, desenvolvendo e potencializando minhas habilidades profissionais, com foco no bem comum de todos os envolvidos.

Esse processo de autoconhecimento nos permite acima de tudo entender e compreender o próximo, o mercado, as tendências, buscando assim o alinhamento de tudo o que está ao seu redor, uma vez que nos proporciona desenvolver uma atitude positiva mental, harmonia nos relacionamentos, autoconhecimento e muito mais! A numerologia é uma ferramenta poderosa que auxilia na realização de objetivos na esfera dos relacionamentos pessoais, financeiros, pessoais e profissionais.

É um processo e estudo personalizado, direcionado a quem deseja realmente assumir o controle da própria jornada na vida, com segurança e firmeza, deixando de lado as situações de vitimização, achismos e culpas.

Ao assumir o controle da própria vida, passamos então a desenvolver e potencializar a habilidade de liderar.

Amar o próximo como a ti mesmo passa ser o exercício pleno do líder do futuro, que pratica com naturalidade a Liderança Sistêmica.

Sem técnicas ou treinamentos específicos, ele apenas e tão somente aprende a se conectar ao próximo, e a comunicação passa a ser de alma para alma, sem competição, vaidades, egos.

O objetivo principal passa a ser o bem comum, e acima de tudo a **"Felicidade Plena"** e não a felicidade condicionada, em que dependemos de chegar em algum lugar ou atingir algo para que possamos sentir o que ela representa.

Agradeço a você, leitor amigo, que investiu parte de seu tempo precioso para a leitura deste capitulo, desejando de que alguma maneira possamos ter impactado positivamente sua vida.

Gratidão sempre....

Namastê

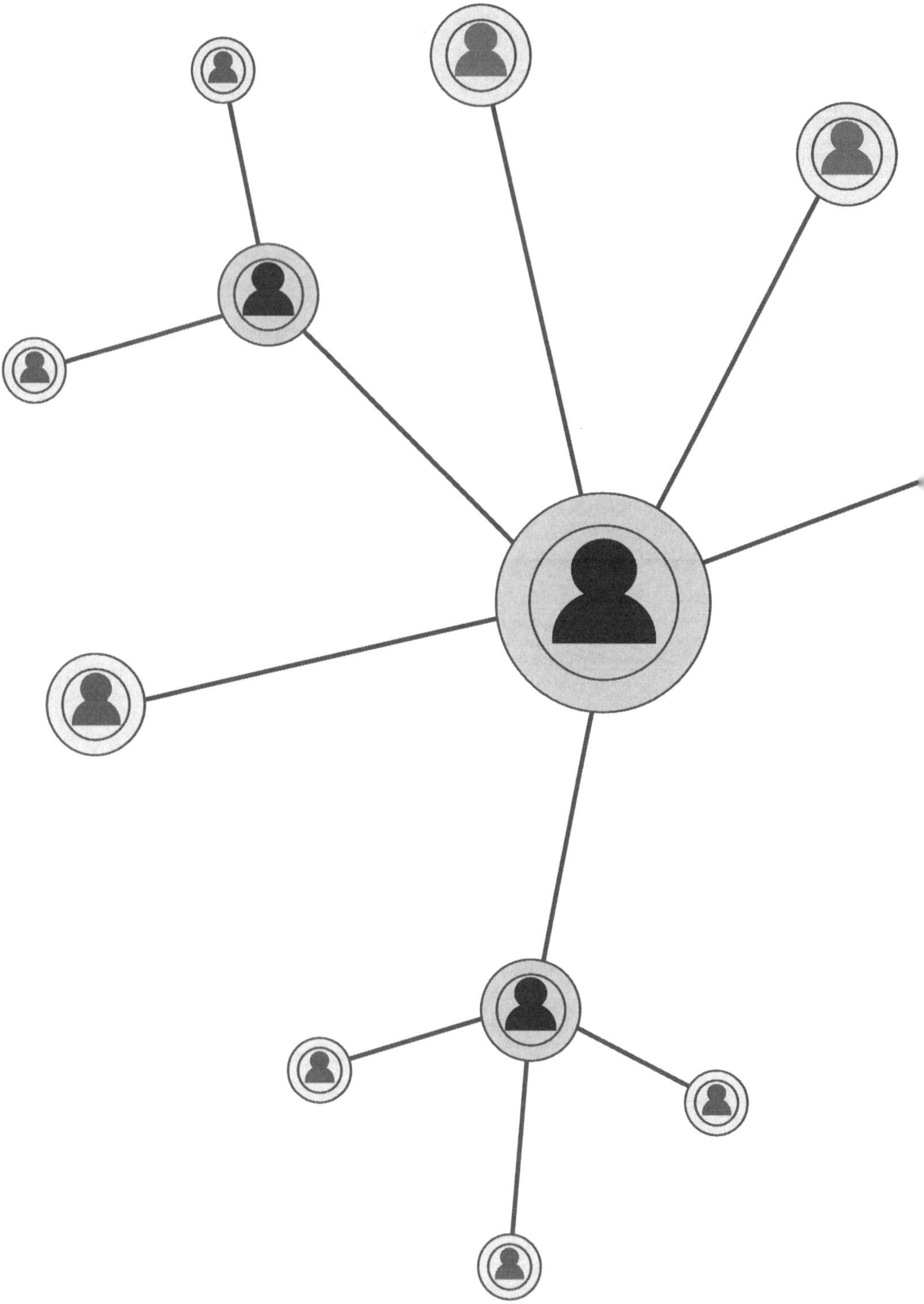

Pensamento sistêmico
Um novo patamar para a liderança

Flávio Feltrin

Flávio Feltrin

Executivo, *coach* e constelador sistêmico organizacional. Executivo por mais de 20 anos em organizações nacionais e multinacionais, *master coach & trainer* (Instituto Holos), facilitador de constelações organizacionais (Talent Manager), MBA executivo internacional (Ohio University), MBA com especialização em Gestão de Projetos (FGV – Fundação Getúlio Vargas), pós-graduado em Administração de Marketing (INPG – Instituto Nacional de Pós-Graduação) e graduado em Análise de Sistemas (Unimep – Universidade Metodista de Piracicaba).

Contato
E-mail: flavio@essentya.com.br

Pensamento sistêmico
Um novo patamar para a liderança

Poucas vezes nos aprofundamos no sentido das palavras que usamos habitualmente e **sistema** é uma delas. Quase tudo o que conhecemos é organizado como um sistema. Nosso corpo é um sistema composto de vários outros sistemas, tais como o respiratório, nervoso, vascular, entre outros. Estamos inseridos em muitos outros sistemas sem muitas vezes percebermos: sistema familiar, nossa cidade, país, planeta, sistema solar. O nosso planeta é composto também de diversos sistemas, como o hídrico e o climático. Somos, enfim, criaturas sistêmicas.

Reconhecer que somos criaturas sistêmicas e como tal **parte** de um **todo** maior já nos impõe uma reflexão sobre a nossa importância para os sistemas de que participamos. Imagine, por um instante, que você não existisse. O seu sistema familiar seria diferente, nenhum dos seus amigos o conheceria, a sua empresa seria diferente. O planeta seria diferente sem a sua presença.

Dessa forma, podemos definir a liderança sistêmica como a consciência expandida do papel do líder dentro de uma determinada empresa, com uma compreensão ampla da sua importância e dos princípios sistêmicos que regem o seu funcionamento. É um passo além da liderança tradicional, muitas vezes guiada pelo pensamento linear, egoísta e ignorante sobre a interdependência e conexão das coisas, que gera resultados inferiores e muitas vezes dinâmicas sistêmicas negativas e grande desequilíbrio.

No final do dia, todos os líderes são seres humanos e, como tal, têm muita coisa em comum. É maravilhoso observar que somos ao mesmo tempo únicos no universo e tão parecidos no nosso dia a dia. Temos em comum algo fundamentalmente importante: o potencial humano.

Todos nascemos com o mesmo potencial. É fascinante pensar que um bebê pode se tornar o que ele quiser, porque o potencial que temos é igual. Mas ocorre que nascemos dentro de uma família e esta família é o primeiro sistema com que temos contato, é o nosso sistema familiar, onde temos o nosso lugar, de filhos ou filhas.

A nossa família, a maneira como somos tratados pelos nossos pais e irmãos, as vivências da escola, dos círculos de amigos, cada experiência e cada situação nos ensina algo, processo imperceptível e inconsciente e que por fim modela a forma como vemos e interpretamos a realidade. Esse processo lento e contínuo formata a nossa visão de mundo ou o nosso **modelo mental.**

O modelo mental é a lente pela qual interpretamos a realidade. Coloca-nos numa espécie de bolha, onde vivemos a nossa própria realidade, construímos as nossas convicções e cristalizamos crenças, atitudes e hábitos.

Cada pessoa tem seu próprio modelo mental, que é resultado de todas as suas experiências e história de vida. Portanto um líder interpreta a realidade, age e reage de acordo com o seu próprio modelo mental, comandando times, empresas e nações. Particularmente acho isso assustador e fascinante ao mesmo tempo.

A dinâmica dos modelos mentais ocorre em nível inconsciente, de tal forma que agimos naturalmente, geralmente, não racionalizando cada situação ou cada comportamento. É por esta razão que ouvimos com frequência que a maioria dos seres humanos está adormecida. Nascem, vivem e morrem agindo de acordo com o seu modelo mental, não se dando conta deste mecanismo que nos aprisiona nesta bolha e que tanto nos limita na compreensão do outro, gerando inúmeros conflitos.

Na medida em que compreendemos a nós mesmos, mais valorizamos quem realmente somos e as pessoas que nos cercam. A amplificação da nossa consciência a este respeito nos permite expandir, e muito, a nossa visão de mundo e habilita a prática da empatia.

Podemos definir um sistema como sendo um conjunto de elementos interdependentes que se relacionam o tempo todo numa constante relação de mudança.

Os elementos de um sistema não existem isoladamente, mas os seus comportamentos influenciam o dos demais de tal forma que uma mudança em um ponto gera uma mudança em outra parte, que, por sua vez, tem efeito de mudança no primeiro ponto.

Todo agrupamento de elementos que visa um objetivo comum pode ser considerado um sistema. Assim, como já mencionamos, não só a nossa família é um sistema humano, mas também as cidades, os países e as empresas. Tudo está conectado!

O sistema organizacional pode ser percebido através de um conjunto de regras, valores, sistemas e símbolos que foram criados ao longo do tempo e permanecem, independentemente das pessoas que ali trabalham. Novos funcionários começam a trabalhar nessa organização e em pouco tempo se comportam como todos os outros.

O sistema assume, portanto, uma "vida própria", que é chamada de dinâmica sistêmica. Não está ligada a um ou outro membro da organização, mas está em todos, é transmitida continuamente e está em constante mutação, de acordo com os estímulos internos e externos a que a organização está submetida. Assim como um fractal, o todo é composto pelas partes e as partes contêm o todo.

A dinâmica sistêmica é uma espécie de código de conduta e modelo de resposta para todos os estímulos, um tipo de inconsciência coletiva deste sistema.

Quando estamos em uma organização, vez ou outra, entramos em contato com o inconsciente coletivo da empresa e capturamos informações que, trazidas ao consciente, são muitas vezes interpretadas como intuição, suspeita, pressentimento.

A comunicação entre os seres humanos ocorre em diferentes níveis, não somente pela expressão corporal ou verbal, mas principalmente pela troca de informações em níveis inconscientes. Em muitas situações, observamos decisões bastante estratégicas e de conhecimento restrito que simplesmente começam a ser mencionadas como "eu acho que" nos corredores. Isso ocorre não somente porque quem tem acesso à informação já começa a agir de forma diferente, mesmo que não perceba, mas também pelo acesso ao conteúdo do sistema a que todos nós temos acesso, mas não sabemos como fazê-lo conscientemente.

Todos os sistemas são regidos por leis ou princípios sistêmicos. Estes princípios foram descritos por Bert Hellinger, pioneiro na abordagem sistêmica que trabalhou inicialmente com questões familiares e teve sua atuação ampliada para o ambiente organizacional. Existem três princípios básicos que asseguram o funcionamento bom, saudável e perene de qualquer sistema: ordem, equilíbrio e pertencimento.

Nos sistemas organizacionais é importante considerar um 4º princípio: respeito! Vamos entendê-los melhor.

Ordem

Segundo Jan Jacob Stam, a "ordem significa que há um lugar seguro e um lugar confiável para cada pessoa, para cada equipe, para cada departamento".

Nos sistemas familiares a ordem é imutável, o pai, o filho, os avós serão sempre os mesmos. Nos sistemas organizacionais existem lugares que foram definidos pela ordem sistêmica e que são ocupados por profissionais diferentes ao longo da vida da organização. O lugar não é a pessoa que o ocupa no momento.

Equilíbrio

Entre o dar e receber — Nas organizações este princípio funciona como no sistema familiar, onde o equilíbrio entre os membros do sistema é fundamental para a sua estabilidade. Cada um percebe que pode dar e receber de acordo com seus limites sem gerar em si mesmo sensação de dívida ou exploração.

Pertencimento

Todos têm o mesmo direito de pertencer. Diferentemente do sistema familiar, onde os lugares são permanentes, nas organizações não são e não lidamos bem com isso.

Respeito

O que é deve ser permitido ser. Este princípio somente é aplicado para os sistemas organizacionais justamente porque nestes se verificam grandes confusões entre o ego, especialmente da liderança, e as leis sistêmicas.

Sistemas organizacionais são um conjunto de pessoas, cada qual com o seu modelo mental, ocupando os mais diversos lugares na ordem sistêmica e se relacionando o tempo todo em busca de objetivos comuns. Como é possível que este grupo, de alguma forma, encontre o equilíbrio e prospere como um sistema organizacional saudável e longevo?

É complexo e dinâmico, mas é natural, uma vez que todos os sistemas funcionam dessa maneira. Para que possamos entender melhor esse mecanismo e lidar com ele com mais qualidade é preciso que aprendamos a pensar sistemicamente e comecemos a desenvolver o **pensamento sistêmico**.

Por que o nosso entendimento da realidade sistêmica é tão complexo se é natural? A resposta é o nosso modelo mental.

Apesar de sermos criaturas sistêmicas não somos educados como tal, a nossa sociedade e os nossos sistemas educacionais se desenvolveram ao longo dos anos através do pensamento mecânico, linear e previsível. Nunca nos ensinaram pensamento sistêmico nas escolas, fomos modelados para o pensamento linear.

Temos um *hardware* (corpo) sistêmico, mas o *software* (mente, modelo mental) linear. Precisamos urgentemente de uma atualização para que possamos entender e reagir aos sistemas sistemicamente e não mecanicamente.

Isso por si só gera inúmeros conflitos, decepções, falta de compreensão, desequilíbrios emocionais e, consequentemente, físicos. O nosso modelo mental mecânico e linear é previsível, um passo de cada vez, os sistemas são dinâmicos, inúmeros movimentos ao mesmo tempo.

Fazemos planejamentos com muita sofisticação e esperamos que seguindo os passos previamente definidos o resultado ocorra. Mas muitas variáveis que não estão no nosso controle afetam o sistema organizacional, as coisas mudam, as forças atuam de forma diferente, nos parece o caos, mas é apenas o sistema movimentando-se enquanto nossa mente, estática, espera calmaria.

Como liderar nesse cenário dinâmico, complexo, em rede, instável, imprevisível? Essa é a **liderança sistêmica**! A seguir, vamos trazer um pouco de luz sobre alguns temas que certamente o ajudarão a navegar melhor. Bem-vindo ao pensamento sistêmico!

Controle

Troque controle por velocidade de reação ao que de **fato** precisa da sua atuação. Muitos problemas não são reais, nossa mente é muito habilidosa para criar histórias que não existem. Trabalhe com fatos e dados. Se tudo é complexo e imprevisível devemos planejar menos e nos preparar mais.

Sintoma não é movimento

Não tente reagir ao sintoma, observe o movimento. O movimento é maior, mais consistente. Normalmente somos estimulados por inúmeros sintomas, mas nem sempre eles geram movimentos. Observe o filme e não perca muito tempo com a foto.

Um passo para trás

Os sistemas possuem uma força tremenda que nos envolve e não nos permite enxergar com clareza os movimentos. Para entender o movimento sistêmico, dê um passo para trás, sua visão será privilegiada. Tente sempre enxergar o sistema todo ou a maior parte dele para compreender um problema. Quando se está inserido na dinâmica, não se compreende o movimento.

Respeito

Respeite o sistema e suas dinâmicas, só assim terá permissão para alterar alguma coisa. Compreenda que o seu lugar no sistema não é você, seu lugar tem função, entre no movimento e "sente na cadeira", respeite os limites de atuação permitidos ao seu lugar. Se quiser mudar qualquer sistema vivo precisará mudar o pensamento por trás dele.

Desempenho

Tanto o seu desempenho quanto o do seu time são afetados e afetam o sistema simultaneamente. Isso quer dizer que você terá de lidar com obstáculos e dificuldades que não dependem somente da sua vontade ou do esforço do seu time para superá-los. É bem verdade que existem situações em que você precisará respeitar o limite do sistema, é invisível, ninguém falará disso, mas você sentirá. A melhor maneira de alinhar-se ao sistema é colocar-se a serviço dele, internamente estar disposto a oferecer o seu melhor dentro dos limites por ele imposto. Se a lei de causa e efeito move os sistemas, não reclame, crie!

Conexão

Já vivemos em um mundo conectado fisicamente, é preciso conectar-se mentalmente. O líder sistêmico entende muito bem isso, entende quais pontos devem ser conectados. Aonde a atenção vai, a energia flui! Conectar mentes em torno de um propósito é o grande papel de um líder. Crie conexões fortes baseadas no respeito e na confiança. A força de um sistema não está nos elementos, mas sim na qualidade da conexão entre eles.

Intenção

Tudo começa na intenção. Aprenda um pouco mais sobre atenção plena, aja de forma consciente e coerente com a sua intenção. Em inúmeras situações intencionamos algo, pensamos a ação um pouco diferente e agimos completamente diferente da nossa intenção inicial. Aprenda a examinar as suas intenções antes da ação. Boas intenções alinhadas ao movimento do sistema o fortalecem.

Sucesso

Estar em sintonia com o movimento do sistema fará com que as coisas fluam naturalmente e os resultados sejam conquistados de forma mais leve e espontânea. Quando existem muitas dificuldades e aparentes barreiras, quando tudo se torna pesado e cansativo, lembre-se de dar um passo atrás. Não se culpe caso não consiga os melhores resultados, existem situações em que você não terá permissão para fazer o que acredita enquanto não se alinhar e não entender o movimento do sistema. No limite, a decisão de sair ou permanecer no sistema também é sua.

Vivemos tempos de muitas mudanças. A tecnologia vem escalando em níveis incríveis e está modificando as empresas e a sociedade. Todas as iniciativas de transformação digital dos negócios acabam em discussões sobre mudança de *mindset* e cultura organizacional, ou seja, tudo volta aos modelos mentais e dinâmicas sistêmicas.

Você, líder sistêmico, lembre-se de que empresas não ficam obsoletas, o que fica obsoleto é o conhecimento detido pela liderança que, a partir da ordem sistêmica, faz a modelagem do negócio. A nossa responsabilidade é grande!

13

Um olhar para si
Você é o todo

Jéssica Asvestas

Jéssica Sonoda Asvestas

Coach e mentora Holístico e Sistêmica com certificações Holos sistema ISOR®. Especializada em Marketing com foco no comportamento humano. Certificada internacionalmente pela Sydney School of Business and Technology, Australia, em hospitalidade, turismo e comportamento do consumidor. Visual Merchandiser, consultora de moda formada pela Universidade Anhembi Morumbi SP (Brasil). *Cool hunter* graduada pela Concrete Brazil. Especializada em liderança, discurso e valorização humana com certificação pelo Sebrae.

Contato
WhatsApp: 61 0404 172 452 (Australia) com atendimento global
E-mail: jessica_sonoda@yahoo.com

Um olhar para si
Você é o todo

Vivemos em um mundo hoje onde tudo se modifica e se atualiza constantemente, até mesmo os próprios conceitos se modificam. Fala-se muito sobre os diversos tipo de lideranças, como liderança pela emoção, liderança pela mente e liderança sistêmica, e é através do conhecimento de suas diferenças que escolhemos quais características constituem o melhor modelo a ser seguido.

A liderança pela emoção é estimulada pelo hemisfério cerebral direito, tendo como base a confiança, a emoção, o estar aqui e agora e a comunicação. Seu foco são as pessoas e seu bem-estar. O que muitas vezes pode ocasionar um atraso no cumprimento das metas.

Os líderes desse segmento estão mais dispostos a ouvir e se fazer presentes para seus funcionários. São também muito suscetíveis a explosões de raiva, acarretando mal-entendido e possível discórdia. Muitas vezes sentem dificuldade em exercer seu papel de líder, porque suas emoções oscilam demais.

A dificuldade do líder em ter controle de suas emoções e como elas interferem na forma de agir com as pessoas e se expressar pode ocasionar:

- Ressentimentos, mágoas.

- Funcionários emocionalmente desestabilizados e relações instáveis, causando desânimo por parte do funcionário.

- Estresse, baixa autoestima e até mesmo depressão; se não souber usar as palavras, pode fazer com que o funcionário se sinta incapaz de exercer sua própria função.

Já a liderança pela mente é regida pelo hemisfério cerebral esquerdo, pelo pensamento racional, pela lógica e razão, e estabelece regras normalmente rígidas. Os líderes desse segmento são muito focados no futuro, em seu planejamento, utilizando as informações do presente para encaixar em sua lógica.

Normalmente são conhecidos como "donos da verdade", trabalham sob pressão e são extremamente competitivos. Em sua mente, apenas sua maneira de resolver as situações é a correta, descartando todas as outras possibilidades, inclusive a de fracasso. Entretanto, este tipo de liderança pode ocasionar problemas como:

- Repressão das emoções.

- Sentimentos reprimidos que podem causar ansiedade, depressão, criando mágoas, ressentimentos, e até mesmo debilitar a pessoa a ponto de impedi-la de exercer corretamente sua função.

- Diminui a possibilidade de ampliação de relacionamentos.

Sabemos que são vários os desafios que os líderes muitas vezes enfrentam, tais como administrar suas equipes, manter contato com clientes, gerir recursos, atuar em conjunto com as demais lideranças, manter um bom relacionamento com seu superior imediato, como entender os objetivos estratégicos da organização e saber desenvolvê-los e, por fim, mas o mais imprescindível, ser líder de si mesmo. Ser líder de si mesmo muitas vezes é mais difícil e desafiador do que liderar outras pessoas, tudo vai de acordo com a vivência, experiência, amadurecimento e suas crenças.

Para falarmos dessa nova liderança, é de suma importância entendermos as consequências do impacto de nossas atitudes em nós mesmos e como nós nos tratamos, e como isso pode afetar e influenciar os outros. O conhecimento e a ciência dentro dessa visão sistêmica nos permite compreender que tudo ao nosso redor está conectado e que não há como influenciar uma pessoa ou setor específico sem influenciar e impactar o todo.

Considerando ambientes internos e externos, esse novo modelo sistêmico de liderar faz com que o líder, antes de tudo, tenha conhecimento do seu EU.

Para ser um líder de qualidade, há a necessidade da busca constante pelo autoconhecimento e autodesenvolvimento. É entender que a forma como trata a si mesmo será a forma como as pessoas irão tratá-lo, respeitá-lo e por fim confiarão em você.

Certamente as características de um líder atual vão além de ser um bom exemplo. Envolvem valores que vão além do lugar onde moram, situação em que estejam, fatores culturais, empatia, sem falar na inteligência emocional, devem ter uma visão ampla sobre o mundo e sobre as formas de relacionamentos humanos.

"To think outside the box", ou pensar fora da "caixinha", nunca fez tanto sentido e serviu de melhor exemplo para essa nova forma de liderança. Não que o líder de ontem não sirva mais para os dias de hoje. Mas vivemos nessa nova era em que todos estão conectados o tempo todo, em que olhar somente para o problema não irá trazer a solução mais eficaz.

É necessário olhar não somente para o todo, mas para TUDO. Isso significa que o líder de hoje deve, sim, olhar para seus colaboradores e se preocupar com seus desejos e sonhos para que eles atinjam suas próprias metas e assim se sintam motivados a ajudar você, como líder, a alcançar as suas.

Deve perceber que funcionário feliz traz consigo resultados mais positivos, criando dessa maneira um espaço de inovação e desenvolvimento, no qual há a aprendizagem, para que favoreça a cocriação de novas soluções para as situações a serem administradas.

Constantemente evoluímos e buscamos esse processo, e com isso novas formas de nos conectar e estimular o relacionamento com outras pessoas. Buscamos maneiras mais eficientes de chegarmos a algum lugar e alcançarmos nossos sonhos.

Algumas das consequências desse estilo de liderança sistêmica para a saúde emocional:

■ Traz equilíbrio e bem-estar, pois as escolhas do que falar e fazer são realizadas após um olhar sistêmico, levando em consideração todos os ângulos da situação e todas as informações das dimensões mental, emocional, corporal e espiritual;

- Diminui o estresse, aumentando a vitalidade e o entusiasmo pela vida e pelas pessoas, tendo como consequência maior vontade de alcançar suas metas;

- A Liderança Sistêmica possibilita ao líder conectar-se com sua sabedoria interna e assim ampliar seus recursos para aperfeiçoar a si próprio e facilitar o crescimento de todos que estejam a sua volta;

- A Saúde Integral é viabilizada;

- Favorece um ambiente de paz e tranquilidade, pois se nota que todos e tudo fazem parte de um só!

- É utilizar o lado emocional e o racional em conjunto, trazendo vivências do passado com experiências atuais em busca da melhor solução.

A seguir a experiência de evolução de um líder que vivenciou a mudança de liderar por medo pela liderança sistêmica.

Durante muitos anos, Monica trabalhou arduamente e sem férias, porém, aparentava para os outros que estava bem e feliz, e sempre muito disposta a ajudar todos. Estava constantemente lá quando precisavam, inclusive em seus dias de folga.

Laura, sua chefe, sempre acreditou muito em seu trabalho, porém, colocava a responsabilidade de resolver as situações sobre ela, queria resultados, mas em contrapartida não exercia a função de líder, não perguntava aos seus funcionários como eles se sentiam e quando perguntava era da boca para fora.

Não havia o interesse em saber quais eram seus sonhos e desejos ou até mesmo seus planos, ou se fazia de "ombro amigo" e investindo em uma relação, tornando os poucos relacionamentos que ainda tinha instáveis.

Em um determinado dia, Monica teve uma crise de pânico, decorrente de ansiedade. Mesmo passando mal, não queria deixar o trabalho e ir para casa, pois dizia que tinha situações para resolver referentes ao trabalho. A cobrança de si mesma era tanta que não se permitia ficar doente.

Suas crises pioraram e, por conta disso, teve que se ausentar do ambiente de trabalho por algumas semanas. Monica conta que chegava no ambiente no qual trabalhava e sentia a energia do lugar tão pesada que não conseguia ficar ali. Mãos trêmulas, suador, febre, ânsia, pressão baixa e perda da força foram alguns dos sintomas que ela teve.

Logo, Laura teve, como líder, que delegar funções. Outras pessoas começaram a aprender a exercer funções novas e resolver problemas que Monica achava que só ela poderia resolver.

Em meio a essas semanas em que Monica se ausentou, Laura finalmente perguntou para ela o que estava acontecendo, se precisava de ajuda e que estava disposta a ajudá-la no que fosse preciso.

Não vamos dizer que "roupas sujas foram lavadas", no entanto, Monica relatou seu caso e que seria necessário maior cooperação de sua chefe em sua liderança para que houvesse um melhor funcionamento, melhor energia e ambientação no trabalho. Para que as pessoas pudessem trabalhar mais felizes e focadas, em busca de atingir não somente seus próprios objetivos, mas os objetivos em comum da empresa. A forma como Laura tratava seus funcionários muitas vezes fazia com que eles não se sentissem mais estimulados a trabalharem lá.

Duas semanas haviam-se passado quando Monica finalmente voltou a trabalhar. O ambiente não era mais o mesmo, as pessoas trabalhavam de forma mais eficaz e felizes. Estavam dispostas a ajudar umas as outras, Monica já não estava mais sobrecarregada. O que mudou? A forma de liderança e visão, na qual Laura não liderava mais pelo medo que as pessoas tinham de si, mas pelo respeito e pela confiança.

Relacionamentos humanos, redes, conexões foram formadas através de pessoas que um dia era individualistas e não eram estimuladas a buscar seus próprios sonhos, pelas mesmas pessoas que agora buscam a positividade em suas atitudes, um bem-estar, num ambiente sem estresse demasiado, onde entendem que somos todos seres humanos e que precisamos uns dos outros, todos em busca de seus próprios objetivos e em busca do objetivo em comum e da empresa. Reforço novamente que funcionários felizes trazem consumidores e clientes felizes que logo transformam seu ambiente de trabalho.

A forma como lideramos influencia diretamente tudo que fazemos, na forma como conduzimos nossa vida, como nos relacionamos e como afetamos e influenciamos as pessoas a nossa volta e a nós mesmos.

Pare por um minuto e observe seus maiores líderes, na sua criação (possivelmente seus pais), como você foi criado e influenciado, como as atitudes deles lhe serviram como exemplo e através disso analise como você trata a si mesmo e os outros. E se pergunte que líder você é. E qual você quer ser.

Liderança não é cargo, é atitude!

Para que haja seu sucesso pessoal, é necessário o sucesso de outros, pois um bom líder faz emergir o melhor de seus liderados.

"A maior habilidade de um líder é desenvolver habilidades extraordinárias em pessoas comuns." (Abraham Lincoln)

A história acima descrita é uma história real, na qual por respeito aos envolvidos seus nomes foram trocados.

Encerro este capítulo agradecendo a você, leitor(a), pelo tempo de qualidade investido, na certeza de que possa ter agregado valores positivos a sua vida, ajudando o Despertar de Sua Sabedoria Interior, Vivendo uma Vida com Sentido.

GRATIDÃO...

14

O papel do gestor perante a Liderança Sistêmica

Laerte Angellus

Laerte Angellus

É administrador, consultor, palestrante, terapeuta complementar e escritor. Graduado em Administração de Empresas e pós-graduado em docência no ensino superior e gestão empresarial. Atua como *coach* e mentor pela escola holosistêmica ISOR. É mestre em Reiki tradicional e xamânico. Escritor e poeta. Em breve, lançará seu livro *Meu Próprio Amor Próprio – passeando por nossas impermanências,* que trará, em prosas e versos, leveza com o objetivo de que as pessoas sigam adiante com mais destreza.

Contato

(51) 99570-0101

E-mail: laerte.angellus@gmail.com

facebook.com/la.coacheterapeuta

linkedin.com/in/laerteangellus

O papel do gestor perante a Liderança Sistêmica

Estudo de campo e reposicionamento

"Viver e liderar, sistemicamente, respeitando crenças e valores, opiniões e divergências, agindo em consonância com todas as formas de ver e vivenciar requer grande coragem: seguir em frente tentando e enfrentando, todos os desafios, para conseguir chegar lá - no horizonte que almejo - por ser este o meu lugar seguro de ficar."

Laerte Angellus

Liderar não é um clichê ou neologismo de delegar ordens ou funções: é fazer e acontecer. No cenário atual as empresas, organizações e equipes estão mais antenadas com o novo – o que há de mais moderno e eficaz. Administrar passou a requerer conhecimentos mais profundos de técnicas que corroborem a gestão eficiente de seus recursos e talentos humanos.

O papel do líder moderno é assumir atribuições que permitam o trânsito – sem ônus ou bônus – pelas interdependências, tendo a capacidade de gerir a si mesmo em consonância com seus liderados. Liderança é algo que inicia e termina com um olhar e um enfoque sistêmico e profundo: crítico, sincero e carregado de responsabilidades sobre todos os envolvidos no processo de gestão.

A liderança sistêmica implica influenciar pessoas que estão em todos os níveis hierárquicos: acima, tais como chefes e colegas que estão atuando nos mesmos níveis, e abaixo, liderados em geral, sempre buscando excelência em suas atuações, gerando resultados e agregando valor a si mesmos e, sistemicamente, a todos os envolvidos.

É de suma importância influenciar as pessoas a sua volta a ter motivação para poder fazerem o melhor dentro de suas atividades. Através da influência positiva, profissionais são movidos para a busca de melhor qualificação pessoal e profissional.

A liderança não é um cargo! É uma condição, uma atitude, um comportamento humano, uma abordagem sistêmica. Tal comportamento verifica-se nas relações humanas, nas quais, quando observadas, é possível identificar os que lideram buscando resultados maiores e traçando objetivos coletivos e os que são liderados se opondo ao individualismo de cumprir somente ordens, em busca de resultados positivos em atos que podem ser praticados por todas as pessoas, líderes e liderados, como os listados a seguir:

Saúde e Bem-Estar

Uma massagem, um carinho, um gesto diferente e simplinho – de amor – para consigo mesmo.

Estar bem consigo mesmo: ter uma alimentação saudável e balanceada, praticar atividades físicas prazerosas, dar um tempo, meditar, cantar ou simplesmente enrolar, sair para dançar – se esforçar para que, nesses minutos ou frações de segundos que sejam, não ocorra a autossabotagem, tipo a espiadela no celular, a verificação de e-mails ou responder àquela mensagem que 'necessita' ser respondida. Tudo é muito rápido. Estamos num piloto automático em que, muitas vezes, sequer nos damos conta de nossa própria velocidade e voracidade pelas informações. Nesse contexto, nosso corpo e mente tendem a optar pelo menor esforço, com menor dispêndio de energia. É comum e corriqueiro que ao iniciarmos algo novo se iniciem as dúvidas, questionamentos, dores, desamores, enfim, ossos do ofício.

Estar em paz e harmonia conosco é primordial para uma gestão efetiva e eficaz dos recursos humanos, financeiros e patrimoniais. A liderança sistêmica traz ao campo o gestor e suas inter-relações. Este não é mais uma figura aristocrática e autoritária. Está em constante movimento e reposicionamento dentro da organização para verificar de todos os ângulos possíveis e plausíveis o funcionamento dessa engrenagem que é, de certo modo, o reflexo de sua própria engrenagem pessoal.

Qualidade de Vida

Estar bem comigo mesmo – nas minhas ações, posições, orações, atitudes e inspirações.

Qualidade de vida refere-se às condições de vida do homem nos diferentes âmbitos: físico, mental, psicológico e emocional, nos relacionamentos, família, amigos, saúde, educação, enfim, uma série de parâmetros que servem de base para a avaliação e mensuração da qualidade de vida.

As organizações são organismos vivos, dinâmicos, em constante adequação e, por vezes, passam por certas mutações. Ao gestor, líder sistêmico, cabe avaliar e adequar as condições de manutenção da boa qualidade de vida dentro das organizações. Neste contexto, poderá apoiar-se em técnicas simples de questionários com perguntas diretas de sim ou não e, sobretudo, medir qual o seu próprio grau de satisfação. O todo está na parte assim como a parte está no todo. De forma sistêmica a organização reage na manutenção do padrão de comportamento. Assim sendo, quando da autoavaliação da minha qualidade de vida dentro desta ou daquela organização consigo um esboço para servir de parâmetro para fazer os movimentos necessários a um correto realinhamento das qualidades mensuradas da organização.

Vida Pessoal

Quando lanço mão de horizontes que não conheço, permito que se estabeleça uma nova relação de autoconhecimento

O conceito de vida é abrangente e existência é uma de suas variantes mais usadas, discursando sobre o período que compreende do nascimento à 'morte'. Entenda-se morte como o final do ciclo da vida. Quando começamos a discursar e incursar sobre nosso próprio ciclo de vida, ou seja, nossa vida pessoal, tomamos à margem da discussão nossas frustrações pessoais, nossa relação com pais, avós, filhos, netos, nossas alegrias, nossos desamores, enfim, uma série de parâmetros que nos servem de alicerce a essa margem de discussão.

Somos os reflexos de nossos atos e transmitimos ao exterior nossa condição interior. O mundo corporativo e as relações humanas andam cada vez mais complexos e inter-relacionados, ficando em certas ocasiões difícil distinguir onde começa e termina a vida pessoal ao tempo que se inicia e finda a profissional. Sistemicamente, externalizamos através de repetições de padrões comportamentais nossa inquietude individual.

Vida Profissional

Inter-relaciono-me o tempo todo, e nessas inter-relações acabo confundindo eu comigo mesmo

Quando recorremos aos principais sites de busca o significado que os mesmos trazem para carreira profissional mesclam sucesso com carreira e inter-relacionam sucesso profissional com o sucesso pessoal.

Vida profissional refere-se a todos os atos, momentos e relações que envolvam o ambiente de trabalho. É a construção de uma imagem e reputação que proporciona credibilidade para o indivíduo que exerce respectiva atividade, inter-relacionando sistemicamente tudo o que se faz e tudo o que se aprende no dia a dia corporativo.

Na vida moderna é um tanto quanto complexo tentar separar a vida profissional da pessoal já que as mesmas se entrelaçam e se interligam o tempo todo. No mundo corporativo, com relações e transformações constantes e dinâmicas ocorrendo a todo vapor, os profissionais precisam ter em mente que as organizações são estruturas formadas por pessoas com pensamentos, sentimentos e vontades que horas se distinguem ou divergem dos demais e em outras entram em ressonância, criando um campo vibracional favorável.

Família

Estamos horas tão ligados e noutras tão distantes que não sei ao certo onde mora o início, o meio e o fim

Família anteriormente era descrita como um núcleo ou conjunto de pessoas que possuíam grau de parentesco e viviam no mesmo lar. Esse conceito ficou muito mais abrangente com o passar dos tempos. Carinhosamente englobo todas as relações duradouras nesse subtítulo.

Passamos muito tempo convivendo com amigos, colegas de estudo e trabalho e essas relações acabam formando núcleos familiares. Sistemicamente, nos reconhecemos nesse núcleo. Respeitamos e honramos hierarquias superiores no ambiente de trabalho como se este fosse uma projeção de nossa hierarquia familiar. Nesse contexto, comumente, repetimos padrões de comportamento, trazendo para a organização nossas inter-relacionalidades.

É importante ressaltar que, quando há a formação de um núcleo de pessoas com os mesmos interesses e afinidades, forma-se uma história, um campo morfogenético. Neste campo, trazemos nossas experiências pessoais e profissionais e compartilhamos nossas inter-relações sociais.

Relacionamentos

Sinto-me tão conectado e desconectado ao mesmo tempo que não sei ao certo onde *termina o eu e começa o nós*

Podemos aqui incluir todas as formas de convívio, ligação entre as pessoas unindo-as, de acordo com os mesmos objetivos ou finalidades.

Nos dias atuais esse conceito é bem amplo. Nossa dedicação às tarefas laborais faz com que tenhamos relacionamentos mais intensos e duradouros no nosso ambiente de trabalho. Percebe-se que as jornadas de trabalho cada vez mais intensas acabam por mesclar nesse tópico todas as relações sociais.

Nossos relacionamentos – a forma como nos inter-relacionamos – constituem um dos nossos maiores desafios, e são, simultaneamente, uma satisfação, um desafio e uma medida do nosso estado interior.

É importante que as organizações ofereçam e propiciem um ambiente de trabalho harmonioso e salutar, pois o cotidiano de trabalho influi na vida e nas emoções das pessoas.

A harmonia consigo mesmo, a autoaceitação, o bem-estar físico e mental proporcionam e possibilitam um equilíbrio na relação com o outro. Sistemicamente, muitos conflitos ocorridos na relação eu-outro são decorrentes do não equilíbrio da relação eu-comigo mesmo.

Espiritualidade

Quando comecei a entender que existe algo maior, percebi que aqui estou a aprender e ao mesmo tempo ensinar continuadamente

Muito se tem falado e estudado a respeito na atualidade. Espiritualidade são todas as formas de entrarmos em contato conosco mesmos – com nosso Eu interior -, através das orações, meditações e reflexões; são todas as formas de autocompreensão de percebermos que somos todos únicos ao mesmo tempo que estamos inter-relacionados num grande Todo.

Não há mais formas de ver o indivíduo unilateralmente. Somos uma grande pluralidade de cores, gêneros, raças, crenças, ideologias formando uma pluralidade única e multiforme que se ajusta e se adapta ao tempo e ao momento.

Espiritualidade não é um ritual ou ritualismo e, não necessariamente, tem haver com crenças religiosas. É a parte de nossa essência, nossa maneira de ver, sentir, pensar, interagir e inter-relacionar-se. É acreditar, confiar e crer que estamos no mesmo espaço, podendo ser este uma organização corporativa ou até mesmo um núcleo familiar, onde estamos para aprender uns com os outros e interagir formando ideias, opiniões e atitudes, crescendo e, sobretudo, evoluindo.

Liderar sistemicamente vai além de montar uma equipe eficiente! É integrar e interagir o tempo todo, movimentando-se e assumindo papéis distintos dentro da organização para que possamos perceber com clareza vários pontos de vista hora definidos.

Não existem receitas prontas para os desafios que vamos encontrando ao longo de nosso caminho pessoal e profissional e, neste contexto, cabe ao *coach* fazer as perguntas certas, usando as diversas abordagens, levando o *coachee* a descobrir a chave de sua virada.

O modelo de gestão baseado na escola clássica sem levar em consideração o isomorfismo das relações fica cada vez mais depreciado. É de suma importância que os gestores modernos tenham um mínimo de conhecimento das ferramentas de gestão que levam em consideração as relações isomórficas.

Nossos atos, atitudes, crenças, valores permeiam nossas relações sociais. Quando me desagrado com algo que estou vendo significa que, sistemicamente, vejo meus próprios atos e atitudes refletidos. Liderar sistemicamente é buscar o autoconhecimento e esta é uma forma de aumentarmos nossa capacidade de percepção e consciência de quanto todos os atos e atitudes impactam as relações internas e externas.

Nesse contexto, sugiro a participação em um de meus cursos de Reiki. É uma técnica de harmonização energética que eleva nosso padrão vibracional e estimula os mecanismos naturais de recuperação da saúde e bem-estar harmonizando corpo, mente e emoções e nos capacitando a seguir adiante na vida com mais equilíbrio e coerência.

E sempre procure parar um pouco, sair do automático, respirar com maior consciência, perceber e refletir sobretudo como nós impactamos e somos impactados no meio interno e externo.

Projeto LAC

Com respostas simples de **Sim** e **Não**, como você se autoavalia?

1. Faço atividades físicas regularmente?

2. Consigo sair para jantar e deixar o telefone celular em casa?

3. Mantenho uma alimentação saudável?

4. Acumulo multitarefas no meu trabalho?

5. Consigo ficar um tempo sozinho comigo mesmo?

6. Passo pouco tempo com a família?

7. Nas brigas, costumo misturar assuntos pessoais e profissionais?

8. Considero-me uma pessoa feliz com as escolhas que fiz?

Analisando as respostas às perguntas acima, podemos perceber com clareza quais os pontos fracos e fortes de nossa vida pessoal e profissional, podendo esse questionário do Projeto LAC servir como base para o reposicionamento através do nosso próprio estudo de campo.

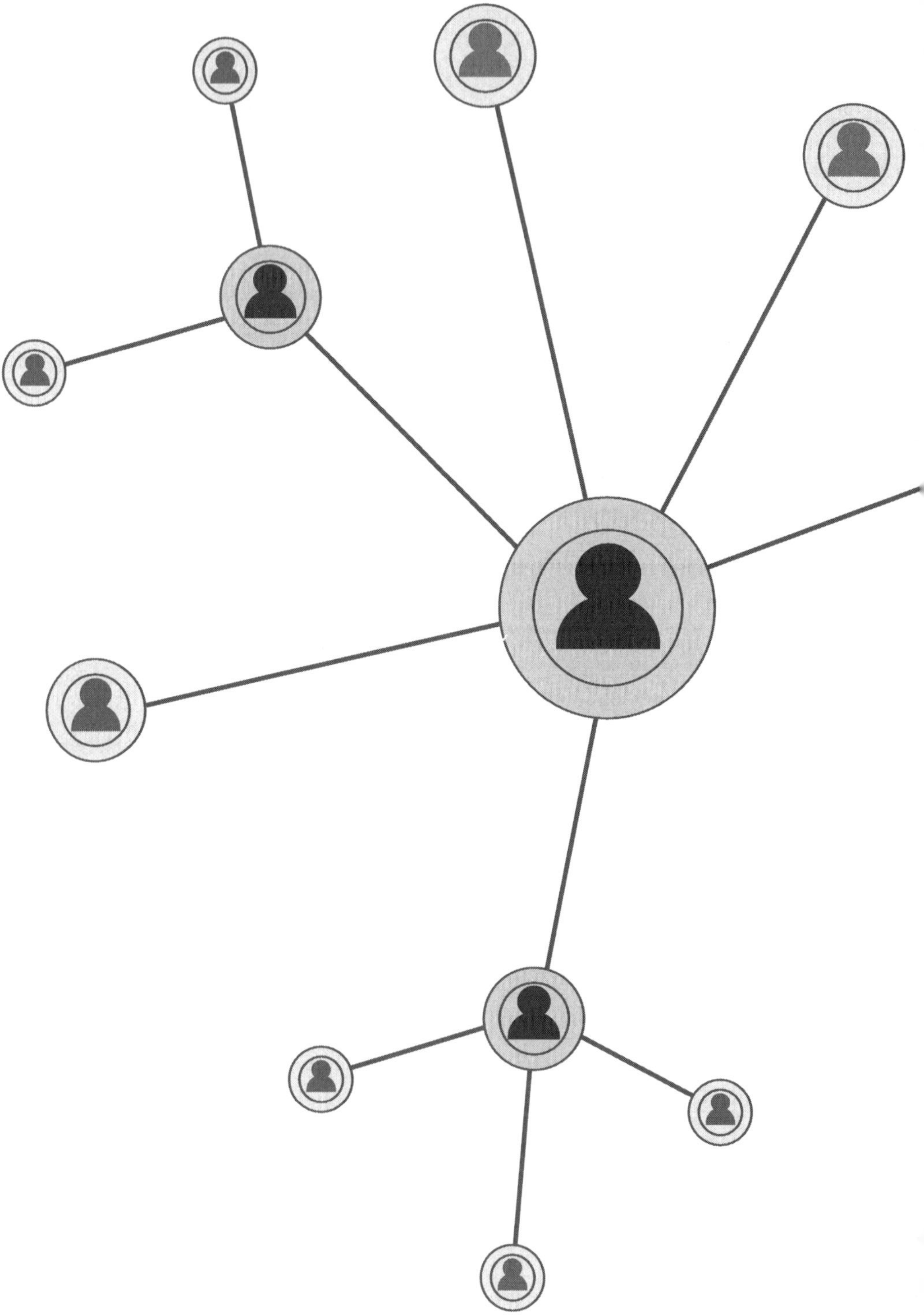

15

Quais são os valores?

Mara Fernandes

Mara Fernandes

Gestora com mais de dez anos de experiência em Gestão de Estoque, Gestão de Seguros e Gestão de Ativo Fixo. Economista e fundadora do Instituto Mara Fernandes Terapias, com foco em alegria, bem-estar e equilíbrio. Formação em Ciências Econômicas, com Extensão Universitária em Capacitação Gerencial pela FGV (Fundação Getulio Vargas). Especialista em Gestão Estratégica de Negócios e em Gestão Estratégica de Pessoas; *coach* e *mentory* com Certificação Internacional e pelo método ISOR®; hipnoterapeuta e reprogramadora mental; facilitadora em Constelação Familiar em Grupo ou Individual; mestre em Reiki pelo Sistema Usui; practitioner em Barra de Access.

Quais são os valores?

Quais são os valores que cada membro de uma equipe traz para a empresa? E quais os valores que a empresa leva para os seus colaboradores?

Esta é uma pergunta que se faz ou que fiz antes de me tornar gestora. Os modelos existentes não me preenchiam como pessoa e como profissional, percebia muitas pessoas que receberam o cargo de gestores por méritos ganhos relativos aos excelentes trabalhos técnicos desenvolvidos, ou pelo comprometimento etc. Outros se agarravam ao cargo pelo ego ou pelo simples desejo de poder e destaque. Percebia também que a maioria dos liderados estavam infelizes, que trabalhavam sem prazer, apenas pela necessidade; outros frustrados pela falta de reconhecimento por tudo que haviam feito pela empresa; alguns procuravam em suas enfermidades físicas a oportunidade de ficar em casa com seus familiares; vários eram felizes, sim, com ou sem expectativas.

Observando tudo isso, pensava o que faltava para que essas pessoas fossem felizes e mais produtivas nas oito horas em que ficavam na empresa.

Vocês devem querer me perguntar: "E você, Mara, quais eram seus sentimentos?" Fácil de responder: queria crescer, procurava minha automotivação, fazer do meu trabalho algo muito importante e diferente, sem fugir, é claro, das regras básicas as quais eu deveria seguir.

Então procurava, por iniciativa própria, maneiras de melhorar as minhas rotinas, quando surgiam as idéias que me falavam à alma, imediatamente procurava a minha gestora, uma mulher extremamente técnica que desenvolvia suas atividades de forma quase individual, como se a equipe fosse uma aba para o desenvolvimento dos seus trabalhos de rotina, e sempre que a procurava via em seu olhar um certo cansaço e uma certa irritação, em seu corpo uma inquietação, e todos esses sentimentos faziam com que eu me sentisse uma verdadeira intrusa ou intrometida!

E ao longo do tempo percebia que ela, mesmo sendo uma excelente profissional, não era adepta a mudanças, e também não tinha tempo ou disposição para dirigir a equipe de modo a formar um grande time, um time inovador!

Tive outros gestores, e por incrível que pareça quase todos com o mesmo perfil...

Surge então a grande oportunidade de ser gestora, que agarrei com unhas e dentes!

Deparei-me com vários problemas, o primeiro deles um superior totalmente radical, chegando a ser até mesmo grosseiro com seus parceiros na empresa, se achava o próprio Deus, somente o que pensava era o que todos deveriam fazer. Julgava-se um visionário e, achando que suas idéias mirabolantes iriam revolucionar a empresa e que os seus colaboradores deveriam admirá-lo pelos seus feitos, serem eternamente gratos pela oportunidade de atuarem como seus subordinados, criava instabilidade para os que julgava mais fracos e vendia ilusões aos que julgava mais fortes, talvez para se manter no cargo mesmo sem a competência para tal. Outro problema era uma equipe totalmente desmotivada e sem a mínima sintonia, sem rumo, sem um foco ou caminho, pessoas despreparadas para determinadas atividades, com depressão, com problemas familiares que as faziam se ausentar da empresa, desmotivadas, cansadas, e ainda havia aqueles que não respeitavam os próprios colegas, e o pior de tudo a interferência direta deste gestor sobre a equipe.

Então aqui começa minha trajetória como líder, me sentia como um recheio de um grande sanduíche, tendo por cima um gestor autoritário e embaixo uma equipe parada, estacionada no tempo e paralisada em uma zona de conforto.

Passei a estudar muito para entender a situação que se apresentava naquele momento, fui atrás de literatura que abordasse algumas estratégias, e por fim procurei alguns mentores, pessoas as quais eu admirava pela forma de pensar e ver o mundo, que também se alinhavam com a minha forma de ver o mundo e a empresa, para obter uma luz a mais neste caminho que eu estava prestes a percorrer.

Os velhos modelos de gestores não me interessavam naquele momento, mesmo porque não eram eficientes para esta gama enorme de diversidade e problemas que se apresentavam. Especializei-me em Coaching e foi então que aumentei minha percepção, passei a enxergar uma luz ao final do túnel para atingir os meus objetivos.

Precisariam ser feitas muitas mudanças. Percebi também que as pessoas naquele setor estavam carentes de serem ouvidas, e que muitos problemas vinham daí! Meu Deus, pensei, as pessoas não eram valorizadas como deveriam! Quantos talentos havia ali! Verdadeiros diamantes a serem lapidados!

Comecei a conhecê-los, uma a um, saber sobre sua família, seus sonhos, suas dificuldades e projetos, comecei a mostrar-lhes o quanto suas atividades eram importantes para a empresa, e o quanto poderiam crescer com elas! Quantos aprendizados poderiam ter com os colegas, nas atividades em que o outro fazia!

E assim fui unindo a equipe, levantando aos poucos a autoestima de cada um, plantando sonhos, esperanças, e fui vendo naqueles rostos o sorriso, o brilho no olhar, o orgulho de fazer parte de um todo!

Remanejamos tarefas, criamos outras e modificamos muitas!!!

Comecei a incentivar projetos, e fiz com que eles fossem buscar atualização no mercado para que estas informações pudessem agregar mais tecnologia às suas atividades, e que também trouxessem mais eficiência para a organização.

Os projetos começaram tímidos pelas equipes montadas, mas foram tomando corpo, foram ficando fortes e se tornando fascinantes! Começamos a levar para os superiores as nossas idéias que dariam muitos frutos em economia e sustentabilidade para a empresa. A união começou a se fazer, a visão dos outros setores sobre a equipe começou a se modificar, ficamos mais fortes, mais otimistas!

Houve aumento de salário? Infelizmente não foi possível naquele momento... Mas ganhamos em autoestima tanto pessoal como principalmente profissional, em sabermos que podíamos, e que éramos capazes!

A experiência me mostrou que o valor monetário é muito importante, mas neste contexto não é o fundamental, pois nem sempre os gestores têm a ferramenta de remuneração para oferecer aos seus colaboradores. Porém existem outros fatores para elevar a autoestima e valorização dos mesmos, é mostrar que dentro do sistema todos têm o seu lugar, e que cada tarefa é muito importante para o todo, que o sucesso depende da dedicação e realização do trabalho de cada funcionário, e que todas as funções são como elos, uma depende da outra para alcançar o objetivo final.

Mostramos a todos na empresa o conceito de uma grande equipe!

O chefe autoritário? Criou muitos obstáculos... Seu comportamento piorou tanto com seus subordinados como com seus superiores, pois inconformado com a mudança começou a criar problemas na empresa, isto é, criou mais problemas do que já criava antes, procurou tanto e piorou tanto no pessoal e principalmente em conduta que acabou sendo desligado da empresa.

O novo gestor comprou nossas idéias e complementou os anseios da equipe! Mostrando-se disponível e à disposição para eventuais problemas ou orientações, passou a fazer parte da mudança.

Hoje seguimos confiantes.

Minhas idéias sobre gestão estavam certas, pelas respostas positivas que eu obtive com o feedback referente ao crescimento daquela equipe.

Hoje, incentivo as pessoas que anseiam a liderança, digo e insisto que mais do que ser um grande técnico é preciso gostar de pessoas, é estar disponível para entendê-las como um todo, e incentivar o melhor que elas têm a oferecer, para o crescimento de todos e da organização.

O líder deve ser mais humano do que técnico para gerir pessoas, precisa olhar o funcionário a sua frente como um ser humano, lotado de aprendizados, de experiências e saber acima de tudo valorizar seus colaboradores!

Um líder deve estar preparado para sua equipe, assim como sua equipe deve estar preparada para agir e trabalhar em prol dos mesmos objetivos que levam ao crescimento da organização como um todo, respeitando seus diversos ramos ou segmentos, se assim for o caso.

Um líder está preparado quando consegue ver o funcionário além da empresa, com os valores e cultura que traz consigo, da família, da sua comunidade, pois isso é o que define o perfil do colaborador, a sua visão de mundo e de empresa, e, por que não dizer, de negócios.

A liderança começa do próprio líder, que consegue enxergar um futuro brilhante, define metas e estratégias para alcançar seus objetivos, que demonstra estas capacidades no seu dia a dia.

Muitas vezes ser gestor é um caminho solitário, mas, mesmo assim, ele sabe aonde quer chegar, e tem confiança no que quer. Transmite de maneira clara seus objetivos e consegue contagiar sua equipe pelo otimismo.

Então o líder deve estar em perfeita harmonia e sintonia com sua essência, alinhado com seus propósitos, ou seja, quando ele próprio possui o conhecimento de seus limites, anseios, e quando estes propósitos estão alinhados com sua alma, ou seja, estas metas estão de acordo com seus valores e sentimentos.

Quais são os valores do líder em relação ao liderado?

Muitas vezes o líder se depara com uma equipe totalmente heterogênea, com muitos conflitos, valores individuais totalmente egocêntricos, e o que é bem mais complicado, quando o líder identifica falha de caráter em um ou mais membros da equipe. A visão sistêmica na liderança torna-se fundamental aqui.

Os colaboradores devem ser vistos não mais como uma fonte de recursos, e sim como elemento fundamental para o crescimento da organização.

O líder deve aproximar-se dos seus liderados, entendê-los de forma aberta, ouvindo-os de forma individual, identificando a história de cada um, bem como a percepção dos mesmos em relação à organização, sobre quais mudanças seriam necessárias para a transformação e motivação de todos.

A motivação muda de indivíduo para indivíduo, depende de como cada um trabalha isso dentro de si, de quais são as expectativas para a vida pessoal e profissional, como a empresa colabora ou compartilha isso com seus funcionários.

Os valores do líder não devem impactar a equipe, e sim se deve buscar a junção de valores agregadores, tanto do líder como dos liderados.

Devem ser traçados pelo líder estratégias de união, de intersecção do individual para o grupo, surgindo assim a visão sobre o líder e a visão do líder, de forma que, dentro do sistema desse setor, divisão ou departamento, a liderança passe a ser exercida pela confiança construída, adquirida pelo simples trabalho de ouvir o que o outro tem a dizer, pelo otimismo, pelos objetivos a serem alcançados da melhor forma possível.

Quando o líder reconhece que ninguém consegue saber tudo, e que a experiência e a sabedoria são de quem executa o trabalho diretamente e diariamente, e que um gestor é um eterno aprendiz, chamamos isso de reconhecimento. E quando quem exerce reconhece o gestor como alguém que faz parte, e que pela visão de um todo possa agregar mudanças necessárias em suas rotinas, chamamos isso de valorização da liderança.

Liderar é acima de tudo olhar a pessoa e o funcionário ao mesmo tempo, porque os dois são unos, impossível separar, é tratar todas as situações de forma humanizada, é estar preparado para lidar com pessoas e suas histórias de vida, para então agregar o profissional com sucesso.

Equipe feliz é equipe que produz, e um bom líder é aquele que lidera com amor e respeito, que consegue influenciar e contagiar as pessoas com sua disciplina, otimismo, seu caráter, seu exemplo de boa conduta ética e profissional e com sua persistência para superar os obstáculos que se apresentam ao longo do caminho.

Ser um bom técnico é muito bom, mas estar preparado intelectualmente e psicologicamente disponível para estar e trabalhar com pessoas é fundamental.

Não adianta preparar um bom técnico para ser um bom líder, investir em capacitação gerencial, entre outros cursos, se o funcionário não tem a essência, não está apto internamente para este sentimento de liderança que vem da alma.

Pergunto então: Nascemos líderes? Muitas vezes não, mas podemos ser preparados se tivermos algo a ser despertado dentro de nós, se tivermos pontos que nos levem a esta jornada de maneira simples e naturalmente.

Podemos ser bons líderes se tivermos a motivação certa, a vontade de transformar, se formos bons observadores e aproveitarmos cada vivência e encará-las como experiências transformadoras e os obstáculos como grandes aprendizados, sem, é claro, deixar de contar com um bom mentor para nos orientar e nos direcionar. Um mentor que se alinhe com os nossos sentimentos e objetivos.

Um líder precisa ver a empresa como um todo. Em um sistema de sucesso, a equipe consegue ver os seus parceiros como forma de oportunidade de crescimento e como pessoas agregadoras em suas carreiras, possuindo também a visão de um todo, acolhendo de forma integral os interesses da organização e o papel do líder com a importância necessária que deve ter, para que todos cresçam e alcancem os objetivos da organização.

E você, quais são os seus valores de liderança?

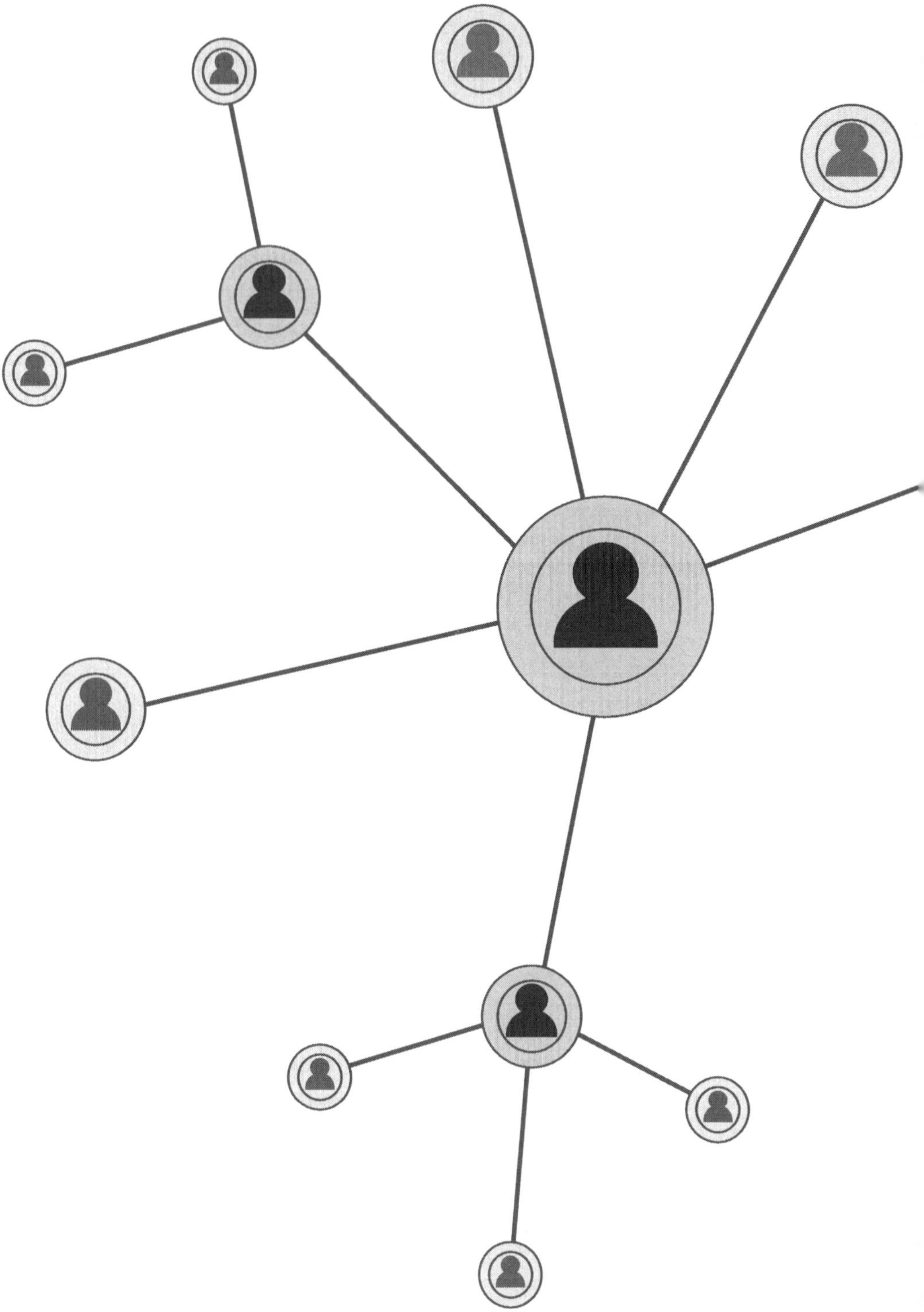

16
Visão sistêmica na liderança

Paula Miranda

Paula Miranda

Master coach, treinadora, palestrante, escritora, *practitioner* em PNL e *master* em Mentoring e Advice. Graduada em ADM e pós-graduada em Gestão de Pessoas pelo Centro Universitário FEI. Sócia-proprietária da *ASSERTTIVA Desenvolvimento Humano*, atuou como executiva em empresas nacionais e multinacionais, teve escolas de idiomas por mais de dez anos e trabalhou em grandes franqueadoras e editoras do mercado de ensino de línguas.

Especialista em gestão de equipes comerciais, *team* Coaching, capacitação, consultoria, treinamentos de vendas e palestras direcionadas.

Contato

(11) 98219-2027

E-mail: paula.miranda@asserttiva.com.br

www.asserttiva.com.br

Visão sistêmica na liderança
de um departamento de vendas através da comunicação assertiva

Este capítulo é um convite à expansão do conceito de visão sistêmica na liderança através da comunicação simples e efetiva, tanto com equipes quanto com clientes e parceiros.

Podemos definir visão sistêmica como a capacidade do líder de entender como um todo a sua equipe: seus processos, clientes, pares, e tudo que envolve a gestão de uma equipe comercial.

Há pouco tempo, as empresas se posicionavam como "focadas no cliente", ou seja, grande parte da missão, visão e propósito de uma organização estava meramente em satisfazer anseios e dores dos consumidores, com propostas e soluções diferenciadas para conseguir obter uma carteira maior e mais qualitativa de clientes. A principal mudança nos dias de hoje está em alinhar essas expectativas com as equipes, principalmente os vendedores, que são os grandes responsáveis pelo trabalho de captação de novos clientes.

Nos dias de hoje, um dos maiores desafios da liderança nas equipes comerciais está relacionada à comunicação. Uma vez que cada ser humano pensa, age e reage de forma diferente, baseado em suas próprias crenças, valores e vontades, os líderes de hoje precisam saber como conseguir acessar pessoas (vendedor ou cliente) de diferentes contextos, idades, sexo, raça e condição social para alcançar níveis maiores de performance em vendas.

A chave para acessar as pessoas são a comunicação e a conexão. Podemos definir comunicação como um processo de interação no qual compartilhamos mensagens, ideias, sentimentos e emoções, podendo influenciar o comportamento das pessoas, que, por sua vez, reagirão a partir de suas crenças, valores, história de vida e cultura.

Através de um processo de autoconhecimento, entendemos como nos perceber e consequentemente nos comunicamos. Dessa forma podemos nos conectar melhor com as pessoas.

Muitos problemas de comunicação em liderança são atribuídos à pouca habilidade dos líderes na qualidade de ouvintes. Bons líderes são sempre bons ouvintes. Isto porque observam constantemente as técnicas de comunicação, verbal ou não verbal, utilizadas pelos seus colaboradores e clientes e, se o receptor não entende ou distorce a minha mensagem, devo assumir a responsabilidade e melhorar a qualidade da minha comunicação. Ou seja, a responsabilidade sobre o entendimento da comunicação é de quem a faz, e não o contrário.

Comunicação verbal e não verbal

Como já sabemos, a comunicação verbal compreende qualquer forma de mensagem escrita ou falada. Ela é fundamental para nossas relações de uma forma geral e assumimos que expressamos nossos interesses abertamente através dela.

A comunicação não verbal é feita através de gestos, posturas, linguagem corporal, expressões faciais e, na maioria das vezes, é mais importante do que a comunicação verbal, pois nessa situação mostramos nossa inteligência emocional, capacidade de conexão, e demonstramos nossos sentimentos e intenções.

O sucesso de uma equipe de vendas depende da interdependência entre a forma de se comunicar. Não adianta dar abertura para que os colaboradores se sintam convidados a opinar, se os líderes não estiverem atentos à linguagem corporal desses profissionais, pois comportamentos indicam muito mais se estão satisfeitos do que palavras. A coerência entre o verbal e o não verbal dirá se você está sendo um líder eficaz ou não.

Algumas dicas de como fazer isso na prática:

- Ter uma postura positiva (procurar ver o lado bom das pessoas e situações);
- Evitar indiretas (seja claro sempre);
- Exercitar a escuta ativa (ouvir na essência);
- Explorar a mensagem e o que ela quer dizer (exercitar a empatia);
- Buscar o entendimento do significado da mensagem (atenção às expressões corporais).

O grande problema da comunicação nos dias de hoje é que ouvimos para responder e não para compreender. Quando ouvimos para responder uma questão de um cliente, vendedor, ou uma proposta de solução, geralmente respondemos baseados nas nossas percepções e crenças, ou seja, baseados nos nossos próprios julgamentos. A informação mal transmitida e mal digerida causa conflitos nas equipes, o que, além de improdutivo, é desgastante para todos os envolvidos.

A fórmula perfeita da comunicação, como ilustrado no quadro a seguir, é completamente diferente do proposto, pois, quando ouvimos para responder, estamos nos ouvindo e quando ouvimos para compreender baixamos o nosso próprio julgamento e compreendemos o universo do outro. Dessa forma, conseguimos ouvir na essência.

FÓRMULA SECRETA

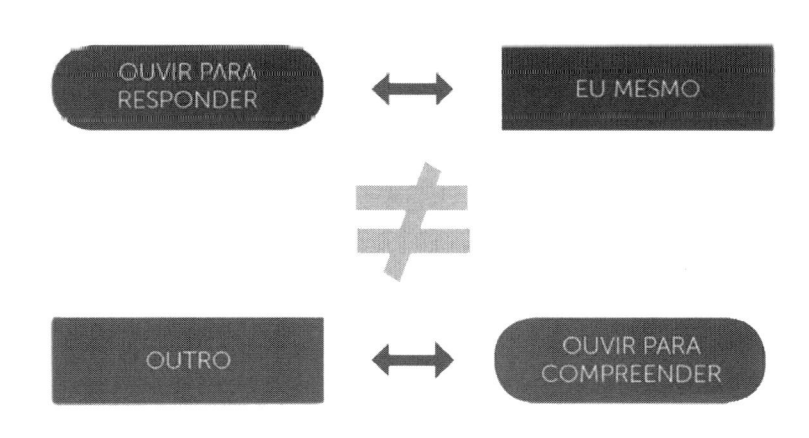

OUVIR PARA RESPONDER ↔ EU MESMO

≠

OUTRO ↔ OUVIR PARA COMPREENDER

Comunicação e Percepção são habilidades que podem ser adquiridas e constantemente melhoradas por todos os líderes. A seguir sugiro algumas reflexões de como podemos melhorar a sua comunicação através do processo de autoconhecimento:

1. Como é trabalhar comigo?

2. O que me impede de fazer as mudanças que eu sei que vão me tornar um líder e comunicador mais eficaz?

3. Como eu posso potencializar o que cada um tem de melhor?

4. Se eu tiver que deixar minha posição por um ano, e a única coisa que puder deixar para as pessoas for um parágrafo, o que eu escreveria?

5. O que eu fiz de errado na pior entrevista de emprego que já fiz?

6. Como a minha maneira de me comunicar está afetando o meu departamento?

7. Os meus vendedores têm a oportunidade de expor o ponto de vista deles de forma tranquila?

8. Eu vejo mais potencial nas pessoas do que elas mesmas?

9. Por que as pessoas me ouvem?

10. Como faço para encorajar as pessoas a assumir a responsabilidade?

11. De 0 a 10 qual a minha capacidade de ouvir na essência um problema ou questionamento?

12. Como posso melhorar a capacidade de criar empatia com meus vendedores?

13. Qual a capacidade que eu tenho de contar histórias e ilustrar exemplos relacionados às questões que meus colaboradores me trazem?

Estratégia atual para comunicação: Storytelling

Existe uma técnica utilizada há milhares de anos para se comunicar e voltou com tudo nos dias de hoje: STORYTELLING, que é uma forma de transmitir uma mensagem através de metáforas. Histórias fazem mais do que atrair nossa atenção: elas a mantêm. Desde a infância somos influenciados por essa forma de comunicação e muitas vezes absorvemos conteúdos e aprendemos através delas.

Histórias podem ser contadas de várias formas: através de filmes, depoimentos, com ou sem recursos visuais etc., depende do objetivo que você quer alcançar e das circunstâncias que cercam a apresentação. Um método famoso de contar histórias é o conhecido como "A Jornada do Herói", de Joseph Campbell.

Segundo Campbell, toda jornada tem começo, meio e fim, e o método pode ser ensinado por meio de jogos, filmes, seriados, livros e dinâmicas para transmitir a inteligência coletiva. O autor cita que uma boa metáfora deve passar por estágios e no livro ele destaca a palavra "herói" como um personagem, pessoas como nós, que vivemos ciclos, e destaca 12 estágios como principais, sendo eles:

— O mundo comum: o mundo normal do herói antes de a história começar.

— O chamado da aventura: um problema se apresenta ao herói: um desafio ou aventura.

— Recusa do chamado: o herói recusa ou demora a aceitar o desafio ou aventura, geralmente por medo.

— Encontro com o mentor: o herói encontra um mentor que o faz aceitar o chamado e o informa e treina para sua aventura.

— Cruzamento do primeiro portal: o herói abandona o mundo comum para entrar no mundo especial ou mágico.

— Provações, aliados e inimigos: o herói enfrenta testes, encontra aliados e enfrenta inimigos, de forma que aprende as regras do mundo especial.

— Aproximação: o herói tem êxitos durante as provações

— Provação difícil ou traumática: a maior crise da aventura de vida ou morte.

— Recompensa: o herói enfrentou a morte, se sobrepõe ao seu medo e agora ganha uma recompensa.

— O caminho de volta: o herói deve voltar ao mundo comum.

— A ressurreição do herói: outro teste no qual o herói enfrenta a morte, e deve usar tudo que foi aprendido.

— Regresso com o elixir: o herói volta para casa com o "elixir" e o usa para ajudar todos no mundo comum.

Os estágios citados acima são metáforas das fases de nossas vidas, tanto profissional quanto pessoal, e nos passam a mensagem de persistência e foco, em meio a alegria, fantasia e sofrimento.

A jornada do herói pode ser utilizada como metáfora nas vendas e na liderança de equipes comerciais. Com autoconhecimento, consciência da importância da conexão e comunicação, e técnicas como a citada acima, os líderes de hoje conseguirão melhores resultados com pessoas, sejam elas clientes ou suas equipes.

Em suma, os melhores líderes têm consciência sistêmica, o que os ajuda a responder à pergunta constante de aonde e como devemos ir. O autoconhecimento e as habilidades de comunicação e relacionamento se baseiam no foco em si mesmo e no outro, combinados para produzir a inteligência emocional que move os vendedores e clientes aos resultados esperados. Um líder precisa se comunicar com paixão e habilidade, usando empatia e inteligência emocional, juntamente com uma estratégia bem definida.

Referências bibliográficas

CAMPBELL, J. **O herói de mil faces**. Editora Pensamento, 1989.

GOLEMAN, D. **Foco:** a atenção e seu papel fundamental para o sucesso. Editora Objetiva, 2013.

17

Construindo um Mindset Sistêmico: a partir da experiência de liderança

Robèrtá Rovêda

Robèrtá Rovêda

Arquiteta paulistana, gestora de Projetos pela Faculdade Getúlio Vargas (FGV) e Master Coach ISOR® com mais de 20 anos de experiência em cargos de gestão, foi sócio-fundadora de instituição de ensino técnico, gestora acadêmica de ensino superior, com profunda atuação em projetos educacionais de formação avançada, e gestora de RH orientada a processos de educação continuada para a construção civil.

Desde 2016 atua como consultora educacional autônoma, *coach* e terapeuta holística, tendo como vocação a aplicação de seus saberes em iniciativas agregadoras na transformação de pessoas.

Contato
(11) 98187-8020
E-mail: robertaroveda@hotmail.com

Construindo um Mindset Sistêmico:
a partir da experiência de liderança

Caro leitor, poder contribuir por meio de minhas reflexões sobre Mindset Sistêmico em sua jornada de liderança será para mim uma grande alegria. Boa leitura!

Em 1997, tive meu primeiro momento empreendedor na gestão de duas unidades de ensino técnico e profissionalizante de arte e *design*. Durante os cinco primeiros anos do negócio, crescemos e atingimos resultados expressivos.

Apenas ingressávamos no mundo digital e com ele um novo contexto global em que tanto o mercado de trabalho quanto os profissionais atuantes já sentiam as mudanças. Mudanças essas decorrentes de inovações tecnológicas, da própria globalização da economia, dos intensos desafios organizacionais e das diferentes modalidades de negócios e profissões.

Eu liderava um time de 67 pessoas, um momento muito feliz, repleto de desafios que exigiam, além de um conjunto de competências técnicas e comportamentais, um olhar sistêmico necessário para direcionar grupos, produtos e serviços.

Em 2002, tive que readequar competitivamente o portfólio de serviços educacionais da instituição, pois necessitavam de inovação e diálogo com o novo perfil profissional de aluno. Foram chamados colaboradores experientes e organizados os GTs (grupos de trabalho) para desenvolverem o projeto.

Durante o processo tive dificuldades em lidar com a equipe e comigo mesmo, o que impactou sensivelmente o negócio como um todo. Escutar atentamente meus colaboradores (coordenadores, professores, linha de frente de vendas etc.), pessoas bem-intencionadas que procuravam trazer soluções, indicadores, pesquisas de mercado, sugestões desconexas de minhas convicções para o desenvolvimento dos novos produtos, era algo no meu Eu a ser trabalhado.

O fato de aquelas pessoas se expressarem e manifestarem suas opiniões divergentes de minhas insistentes ideias me entristecia e me incomodava. E agora? Como poderiam me ajudar se na minha convicção eu era a pessoa mais apta a dar direções? O que eles sabiam?

Descobri que entrava numa crise e deveria reagir, o EGO falava mais alto e liderar naquele momento era me responsabilizar pelas consequências. Com o passar do tempo a teimosia persistia e veio um susto, um AVC (leve) sem sequelas, que me fez reavaliar meu papel. E como continuar com os mesmos hábitos, comportamentos e teimosias? Seria possível mudar aquele modelo mental, *mindset*, que estava ancorado no meu "Eu"?

A vida dá sinais e aceitar melhor o fluxo nos impulsiona para o crescimento. A nossa capacidade de mudança está interligada a como reagimos em relação às nossas experiências passadas e como lidamos com os processos de rupturas que influenciarão nosso futuro (SCHARMER, 2010).

Em 2007, um ano depois de meu problema de saúde, a crescente perda de alunos, minha equipe desmontada e o negócio ruindo... veio a tomada de decisão!

Entre erros e acertos, decidi não persistir mais naquela empreitada e aprender com as lições vividas, partir para um novo destino, um novo papel, uma nova liderança em um novo lugar. É tempo de NOVOS COMEÇOS!

"Às vezes é preciso um trauma, grande ou pequeno, para forçar as pessoas a fazerem um balanço de suas vidas."

Goleman, 2015

Virando a câmera

A partir dessa experiência o balanço veio e muita coisa mudou. Minha história ainda está em construção, somos aprendizes em todos os sentidos, acredito que cada capítulo da vida traz um desafio que pode ser transformado numa nova oportunidade. Mas o que ficou disso tudo? Em minha opinião, REINVENTAR-SE, aprender sobre o novo, olhar para trás e reagir em relação às nossas experiências do passado, para que com elas possamos construir novas possibilidades de futuro.

Lembro-me de que ao conhecer a Teoria "U", incrível metodologia de transformação social, passei por uma profunda autoanálise sobre liderança e propósito que refletiu não só em minhas decisões profissionais, mas também nas pessoais. Para Scharmer (2010), idealizador desta teoria, liderar hoje é aprender a partir do futuro à medida que este emerge, uma vez que avançamos para um futuro diferente do passado, exigindo interações sistêmicas que possam influenciá-lo no progresso a longo prazo.

No documentário *The Overview Effect* (2012), o lançamento da nave Apollo 8 ao espaço em 1968 foi considerado um importante salto da consciência egossistêmica (eu) para a ecossistêmica (compartilhada) no momento que, ao girar o ângulo da câmera e percebendo o planeta Terra a partir do espaço, o homem compreendeu que olhar para trás e contemplar a extasiante perspectiva do globo terrestre, com suas cores, movimento, dinâmica temporal, claro e escuro, equilíbrio e seu navegar na escuridão do espaço, significou ir além da Lua, das estrelas, além de si próprio.

Este acontecimento provocou um efeito quase meditativo e espiritual que mudou sensivelmente "COMO" nos relacionamos coletivamente ou não com os vários sistemas, partindo do pressuposto que os limites entre planeta e espaço permitem que a vida e o equilíbrio ecológico aconteçam, e desta forma as fronteiras, ou limites do sistema, não são sistemicamente concebidos como barreiras, e sim como o "lugar de relação" ou "lugar de trocas" entre sistema e ambiente (VASCONCELLOS, 2013).

Nesta reflexiva perspectiva, passamos a pensar sobre nossos elos sistêmicos, nosso lugar no mundo, sobre passado, presente e futuro, o que fomos, somos e queremos ser, como contribuir e poder influenciar ações futuras e coerentes que ecoem no bem-estar das pessoas e do planeta.

Virando a câmera para SI

Com o novo olhar, nossa lente se amplia, nada existe separadamente nem desligado do todo. Estamos interconectados numa grande teia dinâmica de interdependências e influências mútuas na qual os diversos sistemas transitam, tais como o indivíduo, a família, a cidade, a nação, impactando como um todo o ecossistema.

Os diversos fios dessas teias podem parecer estáticos, porém, ao serem tocados passam a vibrar e a ressoar influenciando vidas e as relações com o ambiente. Desta forma, nos tornamos responsáveis pelas nossas ações e quanto maior a consciência em relação a isso menor a reatividade e maiores as oportunidades de desenvolvimento.

Há um chamado para um mergulho interior, em que nossos atos a partir de uma análise entre passado, presente e ideia de futuro passam a serem direcionados de maneira intencional.

Segundo Bertalanffy (1967, apud VASCONCELLOS, 2013), como um organismo vivo, somos um sistema considerado aberto à energia em estado estável. Desenvolvemo-nos de um estágio para o outro de maneira adaptativa às variáveis do meio. Entre outras palavras, à medida que os *inputs - outputs* contínuos acontecem, o sistema se auto-organiza, se modifica e se desenvolve, possibilitando a partir das experiências passadas atingir uma determinada meta, ajustando condutas futuras.

Lydia Lassila, medalhista olímpica de esqui aéreo, exemplifica um pouco disso ao abandonar o frágil padrão de sentir "sempre" o peso do 2º lugar. Sua determinação em aprender com as experiências do passado, interiorizando seus potenciais e os transformando em vitórias no presente, fez com que seu desejo de se tornar a melhor do mundo no salto *Double Twisting Triple Back Flip* acontecesse em 2010 ao levar o ouro para a Austrália. A partir daquele momento entendeu que a ideia de futuro só seria possível se seus sonhos fossem além, na superação de seus limites, não se sentindo derrotada por questões físicas mesmo após cinco cirurgias nos joelhos, mas prosseguindo em desafios cada vez maiores como ocorreu em 2014, tornando-a um exemplo de liderança feminina e de impacto ao esporte desde então.

Carol Dweck (2017, p.29), autora do livro *Mindset: a nova psicologia do sucesso*, define que "...as pessoas não apenas buscam o desafio, mas prosperam com ele. Quanto maior for o desafio, mais elas se desenvolvem". Nesta perspectiva, ao olhar para **SI**, Lydia se dimensionou diante da vida, compreendeu que para ser grande como seu sonho era preciso, além de preparar-se fisicamente, conhecer-se. Ou seja, dialogar intimamente, sem julgamento, escutar sua alma, seu treinador interior. Livrar-se de aprisionamentos do passado e um pensar sistêmico ao aceitar que seus assertivos resultados viriam por meio de um novo processo consciente, coerente e de autoconfiança.

O ser humano, ao incorporar novos padrões mentais, salta de um patamar para outro expandindo sua consciência individual e coletiva, interagindo com a vida a partir de seu processo natural e, assim, adquire uma mente elevada, intuitiva, transcendente e necessária para mudanças de paradigmas, de *mindset*.

Liderar com Mindset Sistêmico

Em 2016, atuando como *coach* acompanhei de perto o amadurecimento de minha *coachee*, a jovem Marina, executiva em ascensão de carreira. Convidada para gerenciar a área comercial de uma empresa paulista de TI (Tecnologia da Informação) em desenvolvimento no território nacional, vê a sua frente a grande chance para crescer.

Motivada pela meta de duplicar em dois anos o faturamento da área, aceita o desafio e assume uma equipe de 12 colaboradores que gostavam muito do que faziam. Com o passar do tempo percebeu que a cultura organizacional mesmo focada em inovação era conflitante, o que se falava não se aplicava, o cliente interno não era ouvido, só os talentosos eram recompensados e vender parecia não ser tão importante. E a meta?

Por ter um perfil bastante competitivo e se sentir condicionada a aprisionamentos, necessitava se dimensionar, entender verdadeiramente seus valores e adotar uma postura condutora. Trabalhamos fortemente dentro dos encontros os aspectos de ordenamento mental e visão sistêmica. Durante o processo de regulagem, os *insights* nos surpreendiam e a cada avanço menor reatividade.

Como líder, responsável pela equipe e seus resultados, era fundamental ser coerente, trabalhar com o novo e construir a partir do desafio presente um ambiente de harmonia, segurança e engajamento.

Diante disso, ao invés de sentir-se insegura, decepcionada na aposta ou dissipar energia com diretores e chefias, utilizou aquela oportunidade para EVOLUIR.

Aos poucos, com questionamentos mais profundos, flexível para a escuta ativa, visão integrativa e participando ativamente das discussões, o cenário se ampliou e com isso a comunicação ficou mais clara sobre o ponto em que a empresa estava e para onde iria. Compreendeu que pensamento de grupo e metas eram importantes, e que naquele momento a inovação tecnológica não havia saído do foco do negócio, pelo contrário, era o diferencial estratégico que impactaria o futuro das vendas.

A vontade aberta para a interação com o TODO é um diferencial do *mindset* sistêmico que se estrutura em três eixos interdependentes e sistemicamente conectados:

1. Competência

Capacidade de ouvir, aprender continuamente, enxergar oportunidades a partir da fonte, de onde emergem o propósito e os *insights* para a liderança efetiva e comprometida com a transformação social.

2. Coerência

Agir em conformidade com os nossos valores. Cultura de autoanálise, atenção aos nossos sentimentos e ações. Ao prepararmos o ser humano para ações assertivas, geramos equilíbrio, bem-estar e desenvolvimento coletivo no ecossistema.

3. Abundância

Resultados colhidos de longa duração, prosperidade infinita. A visão é mais abrangente, os frutos gerados emergem para mudanças sustentáveis no sistema que beneficiam todos.

Refletindo...

A chave para a fluidez da vida está no diálogo com nossa sabedoria interna. A dificuldade em aceitar os sinais presentes, persistir nos velhos dilemas, hábitos e rigidez excessiva nos afastam de pessoas, oportunidades e situações de crescimento.

LIDERAR é preciso!

Uma nova consciência deve emergir para integrar o TODO de maneira intencional, coletiva e estratégica.

Pense em formas de estimular o crescimento e a visão integrativa, no desenvolvimento de ações e na aplicação de conhecimentos para liderar pessoas, ideias e atividades, pois todos prosperam quando se desenvolvem.

Construir um modelo mental sistêmico, **MINDSET**, é cada vez mais essencial!

A partir da percepção das experiências vividas e do aprendizado com o futuro, o líder com *mindset* sistêmico compreende seu papel na teia como agente sinérgico, um maestro para sua orquestra, impulsionando seus liderados e os diversos sistemas a construir no hoje as oportunidades do amanhã.

Examine seu papel diante da teia. Que tipo de *mindset* é o seu?

Referências bibliográficas

DWECK, C. S. **Mindset:** a nova psicologia do sucesso. 1. ed. São Paulo: Objetiva, 2017.

GOLEMAN, D. **Liderança:** a inteligência emocional na formação de um líder de sucesso. 1. ed. Rio de Janeiro: Objetiva, 2015.

SCHARMER, C. O. **Teoria U:** Como liderar pela percepção e realização do futuro emergente. 1. ed. Rio de Janeiro: Elsevier, 2010.

The Overview Effect 2012. Documentário. Disponível em: https://www.youtube.com/watch?v=KB5y2NJ9oxQ>. Acesso em: 20 set 2018.

VASCONCELLOS, M. J. E. **Pensamento Sistêmico:** O novo paradigma da ciência. 10. ed. Campinas: Papirus, 2013.

Wunderlich, M. **Apostila de Formação em Mentoring e Coaching Holo-Sistêmico ISOR®** Florianópolis: Instituto Holos, 2015.

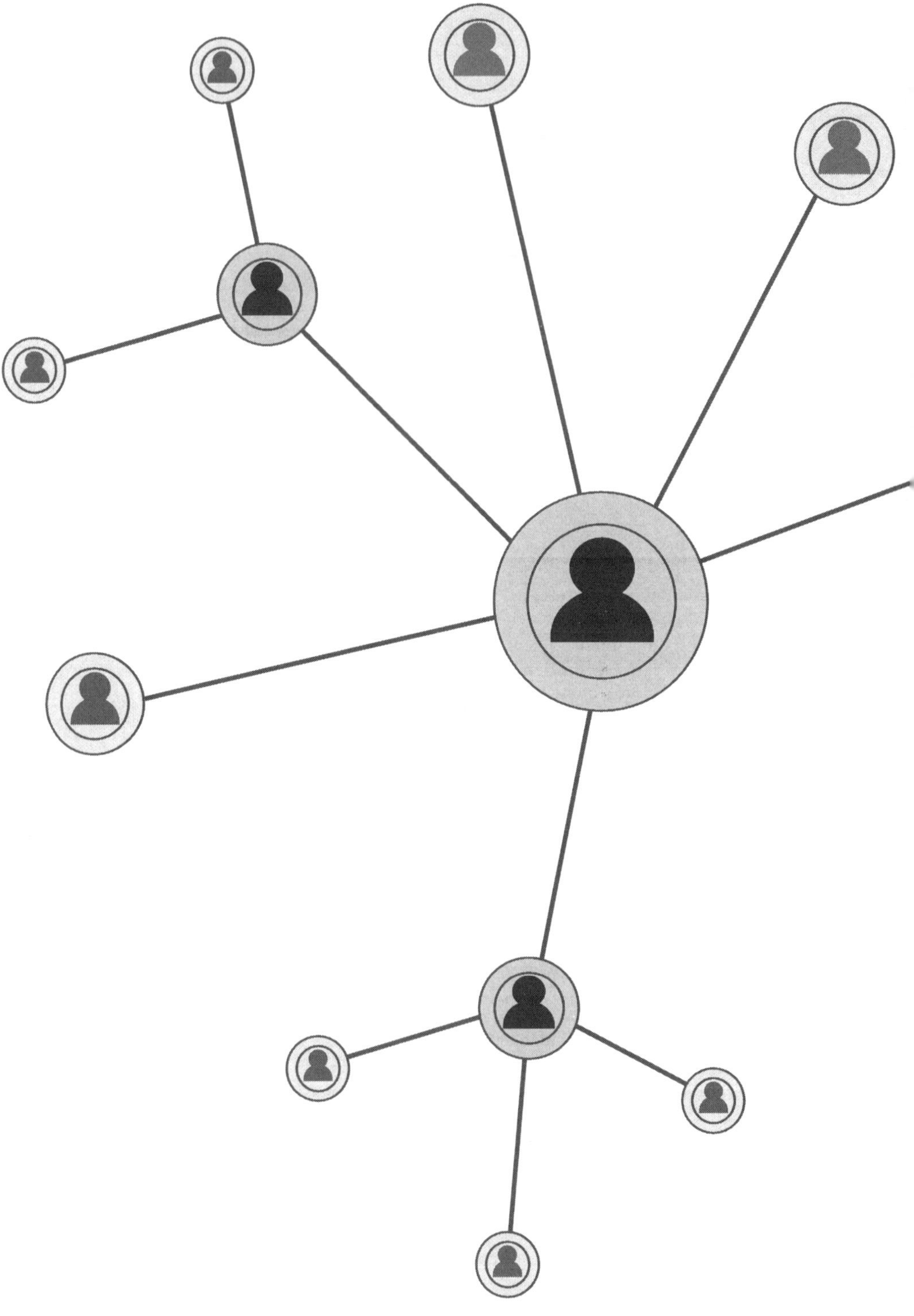

18

A construção de lideranças eficientes

Rosane Sampaio

Rosane Sampaio

Coach certificada pelo International Association of Coaching Institutes (ICI) e Advanded e Master Coach sistema Holomentoring ISOR®, programadora neurolinguística certificada pelo International Association of NLP – Institutes (NLP-IN) e pelo International Hypnosis Association (IHA), hipnoterapeuta também pelo IHA, analista comportamental, palestrante, engenheira química pela UFPR (Universidade Federal do Paraná). Empresária sócia-proprietária do Instituto Metallaxi Ltda., voltado para o desenvolvimento humano através de cursos vivenciais e formações internacionais em Hipnoterapia, Coaching e Programação Neurolinguística. Atuou como presidente do CISV – Chapter Rio de Janeiro e como *trader* no mercado de ações e índices.

Contato

E-mail: falecom@rosanesampaio.com.br

E-mail: rsampaiocoaching@gmail.com

https://m.facebook.com/Rosane.sampaio.coaching/

www.rosanesampaio.com.br

www.metallaxi.com.br

A construção de lideranças eficientes

Até início do século passado, o modelo do pensamento científico predominante era mecanicista, baseado na filosofia de Descartes em seu *Discurso do Método*. O universo deveria ser explicado de maneira mecânica e matemática, baseada em experimentação, com o objetivo de que todo conhecimento tivesse uma base sólida. Essa filosofia, que foi um grande avanço para o pensamento da época, também postulava a separação entre o sujeito e o objeto, ou seja, quem estudava deveria se colocar à parte daquilo que estudava.

Essa maneira de pensar gerou uma época de grande desenvolvimento científico, mas reduzia-se qualquer objeto de estudo a partes, para serem estudadas e entendidas separadamente. Acreditou-se que entendendo cada parte se entenderia o todo, e que este seria independente de fatores externos.

Mas então, a partir de 1925, o biólogo Ludwig von Bertalanffy passa a propor que para o estudo de uma entidade (biológica ou não) deve-se focalizar no arranjo do todo, nas relações entre as partes que se interconectam e interagem estatística e organicamente. A Teoria dos Sistemas surge avaliando organizações como um todo, identificando variáveis externas e internas que possam influenciar os processos dentro da organização. Passou-se a entender as organizações e indivíduos como sistemas abertos, com um intercâmbio contínuo de energia, matéria e informação com o ambiente.

A Espiral Dinâmica definindo líderes naturais

Enquanto a Teoria dos Sistemas era melhor desenvolvida, outra teoria surgia, baseada em mais de 30 anos de pesquisa com alunos calouros em Psicologia sobre o que seria um "adulto psicologicamente saudável". Dr. Clarence Graves utilizou, juntamente com a pesquisa, fatores históricos, filosóficos e antropológicos para chegar a um modelo de desenvolvimento de sistemas biopsicossociais adultos que chamamos hoje de Espiral Dinâmica. Cada pessoa atua em um sistema biopsicossocial predominante, mas não exclusivamente, dependendo do binômio Condições de Vida – Estrutura de Respostas, o qual depende da estrutura psiconeurológica (mente e cérebro).

Esse modelo explica que o ser humano tem três tipos de valores:

- Superficiais: o equivalente ao comportamento, o que é visível. Esse é direcionado pelos dois outros.
- Escondidos: são as crenças.
- Profundos: são os sistemas de pensamento.

O modelo que emerge, em face do binômio Condições de Vida – Estrutura de Respostas, ensina que cada pessoa atua em um sistema biopsicossocial predominante, exposta tanto às condições de vida do sistema em que atua como as demais, gerando instabilidades, conflitos etc. Cada solução encontrada gera novas questões, o que gera mudanças na espiral do desenvolvimento para cima ou para baixo, pois o modelo das camadas anteriores permanece, sendo absorvido pelas novas que as incluem e transcendem.

Respondemos às Condições de Vida psiconeurologicamente em ciclos, hora individuais, hora coletivos, em um sistema espiral de evolução, passível de ser navegado em frente, mas que, em casos-limites, pode gerar regressão ou progressão.

Atualmente estão identificados oito sistemas biopsicossociais:

1. BEGE: dirigido predominantemente por necessidades psicológicas e físicas. As respostas vêm do instinto cerebral e requerem pouco raciocínio.

2. ROXO: tendência de uso do lado direito do cérebro como intuição, conexão com lugares e um senso místico de causa e efeito. O grupo é mais importante que o indivíduo. Confiam em tabus e costumes antigos para se orientar.

3. VERMELHO: bastante dirigido a si mesmo, não aceitando bem limites e tendendo à impulsividade. Com egocentrismo e assertividade, tendem a conquistar ou morrer tentando. O mundo é concreto e específico. Acreditam-se especiais e agem por impulso.

4. AZUL: percebe melhor o que é certo ou errado, justo ou injusto e conecta-se melhor com ideias abstratas. Segue um propósito maior, seja religioso, cultural ou nacionalista. Há obediência a uma autoridade maior, cuja palavra é lei. Tende a ser dogmático e rígido.

5. LARANJA: traz as inteligências dos sistemas anteriores, como o senso de fazer o que quer junto com o senso de propósito e o reconhecimento de regras e busca algo que dê significado à vida. Orientam-se para resultados pragmáticos, focam em dados, pesquisas e possibilidades. Está determinada a ser independente e estar no controle.

6. VERDE: comunitário, igualitário e consensual. Revigora-se em associações com outros e por compartilhar vibrações positivas. O local de trabalho é orientado como em um time, com compartilhamento de ideias e sentimentos em que todos podem falar e contribuir. Acredita em trazer pessoas diversas juntas enquanto queiram compartilhar experiências em comum.

7. AMARELO: aparece em um contexto de movimento rápido de informações num mundo interativo. A existência ética é pedra fundamental para o comportamento. Aceita a inevitabilidade das mudanças. Foco na funcionalidade, competência, flexibilidade e espontaneidade. São capazes de explorar versões paralelas de ser, compará-las e selecionar partes e componentes apropriados de cada uma.

8. TURQUESA: tem um senso global comunitário, sem atacar o direito de "ser" das outras pessoas. Percebem facilmente dinâmicas em pessoas e grupos e tendem a analisar essas dinâmicas antes de trabalhar cada parte. Aprendizagem ocorre por observação, participação e experiência. Há confiança na intuição, com processamento mental consciente e inconsciente. Entende que a vida consiste de fractais onde o micro reflete o macro.

Enquanto os seis primeiros sistemas são definidos como a fase do 'homem de ação', as condições de vida geram cada vez mais complexidade, culminando em uma mudança de percepção a partir do meme amarelo, no qual pela primeira vez há a legitimidade de todos os sistemas biopsicossociais, e a pessoa começa a perceber a dinâmica dos sistemas e a contribuição de cada uma para a viabilidade da espiral e a continuidade da vida.

É a partir desse nível de resposta biopsicossocial, que se convenciona chamar de segunda camada, que uma pessoa exerce naturalmente a liderança sistêmica. São pessoas abertas a aprender em qualquer lugar, de qualquer fonte, identificam a complexidade do sistema onde operam e ativam o sistema específico necessário para interagir e influenciar o ambiente. Seu objetivo é encontrar meios de suprir o que o sistema necessita para que cada indivíduo desenvolva seu maior potencial, em prol do sistema.

Liderança na Espiral

A característica inerente a todo líder, seja sistêmico ou tradicional, é que seu pensamento é um pouco mais complexo do que o dos liderados. A linguagem é comum e seu comportamento é próximo, gerando conexão. Nesse sentido, o líder ideal está sempre um passo à frente de seu liderado, mas não muito distante. Por exemplo, para um grupo azul um líder que está na transição azul-laranja é o ideal.

Líderes sistêmicos são capazes de aprender as habilidades necessárias para se adaptarem ao comportamento necessário do grupo a ser liderado sem mudar seu pensamento, dessa forma sendo capaz de direcionar o grupo mais eficientemente. Usará autoritarismo quando necessário, empatia se preciso, cientificidade caso apropriado, sempre utilizando a diversidade humana de forma construtiva. Quanto mais complexa uma organização, maior a necessidade que esse líder venha de um sistema complexo como o 'amarelo' e 'turquesa'.

Para construção de uma liderança eficiente, na qual as partes têm sinergia positiva, existem cinco etapas para o líder seguir:

1. Sair de seu próprio perfil;

2. Identificar as condições de vida que prevaleçam entre os liderados;

3. Perceber o que o sistema pensa, suas atitudes, crenças e valores. Isso pode ser alcançado fazendo sempre a pergunta "por que";

4. Estar consciente que pessoas pensam de maneira diferente e estão em diferentes estágios de suas vidas, com diferentes valores pessoais e crenças. Cada um vai se sobressair em uma função ou situação diferente.

5. Organizações são misturas de sistemas biopsicossociais, embora um deles prevaleça. O mesmo vale para cada departamento da organização.

A PNL como instrumento de construção do líder sistêmico

A Programação Neurolinguística foi desenvolvida a partir de 1973, na esteira do Movimento do Potencial Humano que pressupunha que todos temos todas as habilidades e capacidades necessárias às situações que vivemos. Chamamos essas habilidades e capacidades de recursos internos que podem ser desenvolvidos ou amplificados à medida que haja necessidade.

Hoje a PNL pode ser definida como o estudo da estrutura da experiência subjetiva, o que implica pesquisar e entender o processo que gera os comportamentos. Isso é feito modelando padrões de excelência em várias áreas, como psicoterapia, negócios, arte, ciência, lei e educação. O objetivo final é descobrir o que faz a diferença entre performance ruim, mediana e excepcional e como replicar as performances que funcionam.

À medida que conhecemos, através da Espiral Dinâmica, os recursos internos necessários para exercer a liderança sistêmica, podemos desenvolver esses recursos em várias técnicas da PNL. Algumas das habilidades mais importantes nesse contexto são ser capaz de se colocar em uma posição em que percebe os vários aspectos da organização na qual atua e analisar cada um desses aspectos em múltiplos níveis de influência.

Isso pode ser feito através da união de duas técnicas práticas e factíveis de serem aplicadas sem auxílio. A primeira estimula a capacidade de se colocar em diferentes posições de percepção: sua própria, de um colaborador (se esse for parte do desafio), de um observador e, finalmente, do sistema. Usualmente utilizada para refletir e planejar uma estratégia para superar situações desafiadoras como líder.

O modelo de níveis neurológicos, inspirado pelos níveis de aprendizado de Gregory Bateson, define que existem níveis de mudança e interação relacionados aos processos mentais que são organizados hierarquicamente. Esses níveis são: ambiente, comportamento, habilidades e capacidades, crenças e valores, identidade e 'além da identidade'. Em conjunto, essas duas técnicas tendem a gerar transformações reais rumo ao desenvolvimento da liderança sistêmica, baseada naquelas definidas pelo sistema da Espiral Dinâmica.

A técnica

1. Pense na situação desafiadora (já existente ou possível) dentro do sistema em que você atua. Analise a situação e você mesmo respondendo às seguintes questões:

- Onde e quando esse contexto de liderança acontece?
- Quais ações e comportamentos você tem ou pode ter exercendo a liderança?
- Como a liderança pode ser exercida? Quais suas capacidades, quais habilidades suas podem ser usadas na liderança?
- Por que você pode atuar como líder? Qual o motivo que permite essa liderança?
- Quem é esse líder, qual sua missão e visão pessoal?
- Como ser líder impacta tudo que está além de você?

2. Coloque-se agora na posição de um colaborador, e através da percepção desse colaborador responda às perguntas acima a respeito do líder, você.

3. Agora imagine que é um observador vendo esse líder que é você atuando e responda às mesmas questões sobre o líder, seguindo o mesmo conceito anterior.

4. Da mesma maneira, do ponto de vista do sistema, como o sistema vê sua liderança?

A sinergia entre todos esses aspectos permite o desenvolvimento do pensamento sistêmico a respeito das organizações e da vida. Aprendemos na PNL que treinar a mente para os diferentes aspectos, diferentes pontos de vista, diferentes habilidades mentais e físicas, mesmo que seja em nível de imaginação, gera a transformação desejada. Que tipo de líder será o melhor para sua organização?

Referências bibliográficas

BECK, D.; COWAN, C. **Spiral Dynamics**: Mastering Values, Leadership and Chages. Massachusetts, USA: Blackwell Publishing, 1996.

DILTS, R.; De LOZIER, J. **NLP II The Next Generation.** California, USA: Meta Publications, 2010.

DILTS, R. **From Coach to Awakener**. California, USA: Meta Publications, 2003.

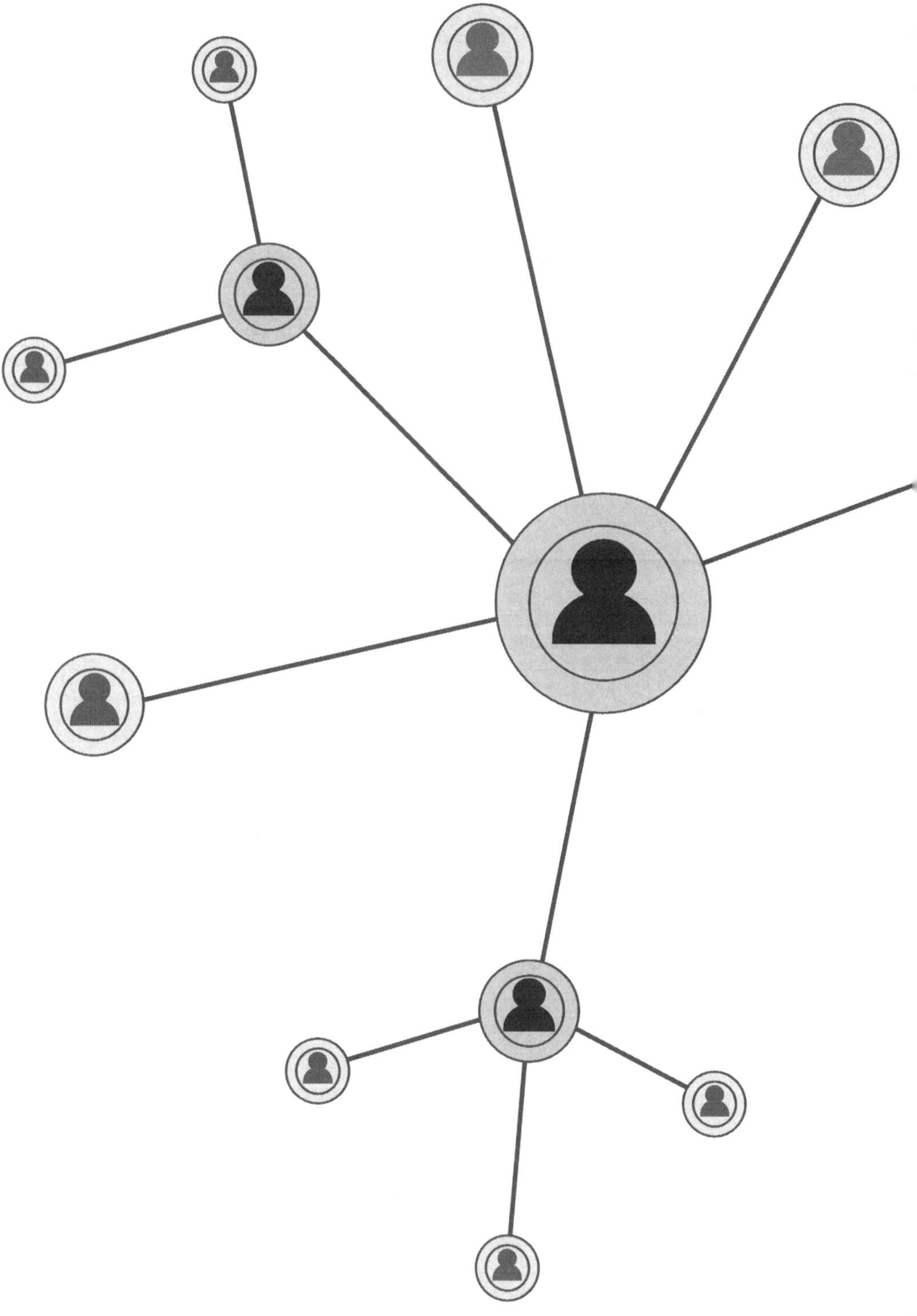

19

Liderança sistêmica

Suzi Mendes

Suzi Mendes

Formada em Gestão Estratégica de RH (Metodista-SP), especialização em Finanças pela FGV-SP (Fundação Getulio Vargas), especialização em Marketing Industrial pela EMI (Escola de Marketing Industrial) e Psicologia Transpessoal no CPSP. Tem certificação em Coaching e Mentoring, atuando especialmente no Desenvolvimento de Liderança e desenvolvimento de inteligência emocional. Atua na área de Gestão de Pessoas há mais de 25 anos, ministrou treinamentos e palestras sobre liderança, equipes de alta performance, integração de equipes, inteligência emocional e outros temas em várias localidades no Brasil.

Contato

(11) 98255-3000

E-mail: suzimendes.consultora@gmail.com

Liderança Sistêmica

Em plena época da robótica e do crescente desenvolvimento da inteligência artificial, ainda não compreendemos o ser humano.

A problemática é que o ambiente de trabalho ou de qualquer organização não é composto apenas de processos e tecnologia, e, por mais que aprendamos a conduzir projetos e sistemas, ainda nos sentimos desafiados a liderar pessoas.

Uma das causas mais relevantes para nos encontrarmos nesta crise mundial é que nascemos e crescemos em uma cultura que valoriza a competição. Somos incentivados desde crianças a sermos "o melhor", o "cara".

Na tenra Idade, nao temos ainda discernimento para questionar esse peso que nos é imposto e vamos aprendendo que, por mais que tenhamos nos esforçado a alcançar alguma meta, somos vistos como perdedores se não chegarmos em primeiro lugar. Assim, ao longo da vida aprendemos a valorizar o destino e não a jornada, o que é um grande equívoco.

Esse tipo de cultura leva os indivíduos da sociedade a um autocentramento, que na fase adulta é especialmente reforçado na vida profissional. Aprendemos que temos de ser os melhores, que a organização para a qual contribuímos profissionalmente tem de ser a melhor do mercado, que a nação em que vivemos necessita ser soberana, às vezes "dominadora". Porém não nos damos conta de que não vivemos nossas vidas de maneira isolada, mas intensamente conectados uns com os outros.

Parafraseando Roberto Assagioli, um famoso psiquiatra italiano, "temos mais de 7 bilhões de vizinhos", dada a aproximação causada pelo advento da internet. Subitamente, as distâncias que separam um povo do outro foram drasticamente reduzidas, as notícias do mundo viajam a uma velocidade anteriormente impensável, as pessoas têm muito mais facilidades e opções disponíveis para se locomover de um continente ao outro... E esta realidade está nos forçando a reconhecer que somos uma única humanidade, por mais diferenças culturais ou geográficas que possam haver entre nós e os outros.

Por não sermos seres isolados, todas as decisões tomadas que **não consideram o maior bem para o maior número** tendem a repercutir negativamente em todo o sistema.

Estamos indissoluvelmente ligados, crescendo juntos nesse grande drama da vida que está se desdobrando momento a momento na Terra. Se não **estivéssemos interconectados e se não fôssemos interdependentes**, não estaríamos procurando um novo planeta que seja habitável.

Fazendo um zoom nessa contextualização humana, podemos ver o mesmo drama sendo vivenciado pelos líderes de uma mesma organização. Cada um cuidando de seu pedaço, da sua área, sem se preocupar como as decisões para a sua área vão impactar o todo. Quantos de nós somos capazes de tomar uma decisão que não seja a melhor para si mesmo, nem para o seu time, a fim de favorecer o todo? Somos capazes de "perder", de abrir mão de nossos desejos, preferências, sonhos e vontades individuais para que a organização cumpra sua missão? Se ocupamos cargos políticos, somos capazes de abrir mão de vantagens pessoais pelo maior bem do maior número, daqueles a quem devemos representar?

Este artigo tem a ver com isso... **com uma grande necessidade de aprendermos a equilibrar a individualidade e o todo. Isso é uma liderança com visão sistêmica, que consequentemente leva a uma atitude comportamental de liderança cooperativa.**

Em termos práticos, o líder do século XXI deve ser consciente de que vive em um emaranhado de relações internas e externas à organização a que pertence e que, sem saber direito qual o caminho de adaptação para o momento atual, acaba mantendo os mesmos modelos de liderança de eras anteriores até descobrir na prática que já não são mais tão eficientes como foram um dia.

Fazendo uma reflexão, ainda que superficial, a respeito da evolução no estilo, propósito e forma de liderar, talvez possamos compreender a necessidade de nos atualizarmos como uma liderança que atenda as demandas dos tempos atuais.

Por exemplo, um líder em um cenário de produção rural e de manufatura teve que se adaptar para a grande revolução industrial, em que a produção em larga escala tornou-se uma realidade, a mão de obra se tornou mais especializada e os meios de transporte facilitaram a logística.

Nessa época o formato de gestão era centralizado, os departamentos funcionais e as decisões aconteciam sempre no topo da pirâmide organizacional. Os funcionários eram considerados como recursos de produção, junto com outros recursos materiais e logísticos. A liderança, portanto, era mais autoritária, centralizadora e sua visão era voltada para a produção.

Porém após a Segunda Guerra Mundial o velho modelo burocrático e centralizador tornou-se inflexível e lento demais para acompanhar as mudanças que aconteciam no cenário mundial.

As empresas, então, estruturaram os departamentos por produtos e serviços e buscaram ganhar velocidade na relação pedido e entrega. Precisaram tornar-se mais dinâmicas e inovadoras, buscando serem mais competitivas. Consequentemente a liderança foi gradativamente sendo descentralizada para ganhar agilidade nos processos decisórios e as pessoas passaram a ser vistas como recursos vivos, inteligentes, criativos e não mais como parte da produção.

Por volta dos anos 80/90 a tecnologia da informação provocou a globalização da economia, o que ocasionou ainda mais competitividade entre as empresas. Com o advento da internet, a informação passou a cruzar o mundo em questão de segundos e passamos a viver mais no futuro do que no presente.

A informação passou a ser supervalorizada e a inovação ganhou destaque nas estratégias empresariais. As mudanças passaram a ser ainda mais rápidas, revolucionárias e por vezes disruptivas.

A liderança precisou aprender a fazer gestão à distância, a delegar responsabilidades e a criar meios para acompanhamento de processos, resultados e pessoas de forma não presencial. Os desafios se tornam maiores a cada dia e neste contexto é comum as relações interpessoais se tornarem cada vez mais impessoais, distantes, frias e predominantemente tecnológicas.

Paradoxalmente, o que se percebe é que as pessoas se encontram exauridas e desvitalizadas nesses modelos, que já se tornaram arcaicos. Mas o pior é que muitos líderes ainda seguem estes modelos atualmente e não compreendem porque não conseguem o comprometimento e dedicação de seus colaboradores.

Mais do que nunca, as organizações se diferenciam pelas pessoas que a compõem, pois os produtos e serviços, por mais inovadores que sejam, são rapidamente copiados e superados.

Por isso a grande demanda da liderança dessa era é entender como lidar com as emoções e sentimentos da equipe; saber como motivar pessoas muito diferentes; como lidar com os conflitos; entender o que eleva o grau de comprometimento da equipe e, especialmente, como inspirar as pessoas a darem o melhor de si para que se cumpra a missão da organização, impactando positivamente a sociedade.

É lógico que outras competências também lhe serão demandadas, como pensamento estratégico, visão de negócios, gestão orçamentária, gestão do tempo, inteligência emocional e outras. Mas é a sua capacidade de mobilizar as pessoas em busca de um propósito, com os recursos que tiver disponíveis, que o tornarão um líder que faz a diferença, ou este "líder" será apenas mais um burocrata cuidando somente que os processos sejam cumpridos. E vale ressaltar que liderar não é garantir os processos, isso é gerenciar...

O fato é que as organizações precisam investir em treinamento e desenvolvimento de líderes, assim como eles próprios necessitam sair de sua zona de conforto e dedicar parte de seu tempo para ampliar sua capacidade de se entender, para, a partir de si próprio, entender o funcionamento desta maravilhosa e tão complexa criação: O HOMEM.

Segundo Ram Charam, um dos maiores autores e "gurus" sobre o tema liderança do século, "um líder em cargo inicial seleciona um bom pessoal e faz com que as pessoas trabalhem bem em equipe. No próximo cargo, o líder influencia e orienta pessoas não subordinadas a ele, como uma equipe interdepartamental ou um grupo de fornecedores. Agora o líder que está administrando um negócio global necessita desenvolver pessoas de diversas culturas, com as quais ele não tem experiência prévia". Isto nos indica que, independentemente do nível de liderança, o desafio de lidar com pessoas só vai aumentando mais e mais.

Em pleno século XXI se faz necessário um líder que serve e que não exige o serviço devido. Que não tem medo de delegar responsabilidades e que dá espaço para os seus liderados errarem e aprenderem. Faz-se necessário um líder que viva e se veja em unidade com o seu grupo, permitindo-se ser absorvido pelo grupo, exercitando uma espécie de autoesquecimento e colocando em prática a ideia "o maior bem para o maior número".

Com essa consciência e senso de responsabilidade, esse líder não vê o grupo desconectado da sociedade, então ele assume o impacto de suas decisões na comunidade em que a organização está inserida e alinha seus objetivos de lucratividade com o desenvolvimento econômico de um ambiente maior, transformando-o e desenvolvendo-o.

Assim, o líder de uma organização deixa o seu legado, sendo avaliado não apenas pelo valor de suas ações na bolsa, mas por seu impacto no desenvolvimento das pessoas e da sociedade. Este é o papel do líder do século XXI. E, esteja ele consciente ou não, está construindo uma sociedade melhor ou pior do que a realidade atual.

No seu escopo de trabalho, ele deveria incluir a indispensável preocupação com o meio ambiente, além de tempo e disponibilidade financeira para o investimento na educação corporativa, desenvolvendo não só seus colaboradores, como seus familiares e preparando futuros potenciais de sua região.

Para aquele líder que pensa que já não tem tempo para atender as atuais demandas da organização, que reflita sobre o sonho de todo empresário: conquistar o respeito e um legítimo sentimento de admiração de seus clientes.

Clientes que admiram uma marca são seus promotores espontâneos, são fiéis e geralmente recomendam seus produtos e serviços, sendo agentes multiplicadores de vendas em seus grupos de relacionamento. E isso não se alcança com algumas ações rasas pensadas pelo pessoal do Marketing.

As ações sociais que são constatadas e percebidas pelas pessoas como verdadeiras e impactantes, além da qualidade do produto ou serviço prestado, inevitavelmente geram amor pela marca.

A legitimidade de um projeto que vise o legado de uma organização passa inevitavelmente pela visão sistêmica que, por sua vez, influencia outras organizações, pois se torna um modelo de sucesso que tem sua marca reconhecida, amada, desejada e espontaneamente promovida por seus clientes, que no final são a própria sociedade.

Um modelo de negócios que inclui no seu *dashboard* de indicadores de resultados, o impacto positivo gerado na sociedade local, é um modelo que certamente chamará atenção, podendo gerar uma cadeia de empresas que inevitavelmente estarão construindo um mundo melhor.

No entanto, para que todas essas coisas possam acontecer, é necessário que o líder percorra um longo caminho de autoconhecimento.

Para além do desenvolvimento cognitivo e da aquisição dos saberes disponibilizados pelas universidades e pela internet, os líderes necessitam investir tempo e dinheiro no seu desenvolvimento comportamental.

Todo ser humano tem um padrão de comportamento físico, emocional e mental e enquanto não reconhecemos os nossos não compreendemos as nossas necessidades mais íntimas e inconscientes que, no final, direcionam nossas decisões, sem nos darmos conta disso.

Segundo a "pirâmide de Maslow", as necessidades básicas de todos nós passam pela sobrevivência, segurança, aceitação, reconhecimento e autorrealização. E, ainda que não saibamos disso, estaremos trabalhando para que elas sejam atendidas. Logo, um líder que não conhece a si mesmo não tem as condições psicológicas necessárias para decidir pelo **maior bem do maior número** e, sim, para atender aos seus desejos e necessidades pessoais em busca da famosa "felicidade".

Todo líder deveria buscar autoconhecimento seja através de terapia, de processos de Coaching, *assessment*, praticando meditação, praticando a auto-observação, seja pedindo feedback de seus liderados, de seus pares e superiores, da família e dos amigos mais próximos e sinceros.

A cada passo nesse caminho, deveria buscar **desenvolver todo o seu potencial em uma liderança com um olhar mais amplo, sistêmico e cooperativo**.

Apenas ao confrontar essa dificuldade em compreender a si mesmo é que poderá perceber-se como parte do coletivo.

Inicialmente se perceberá parte de uma organização. Depois, poderá perceber que esta faz parte da sociedade, que por sua vez faz parte de um país. E este, com todas as suas intrincadas relações internacionais, faz parte de uma única humanidade.

Somente quando o homem se perceber uno com o todo, parte de um grande quebra cabeça mundial, então conseguirá considerar o maior bem para o maior número. Nestes tempos, seremos capazes de construir uma sociedade melhor, mais justa, mais fraterna e igualitária.

Mas lembre-se de que esse processo começa em você!

Boa jornada!

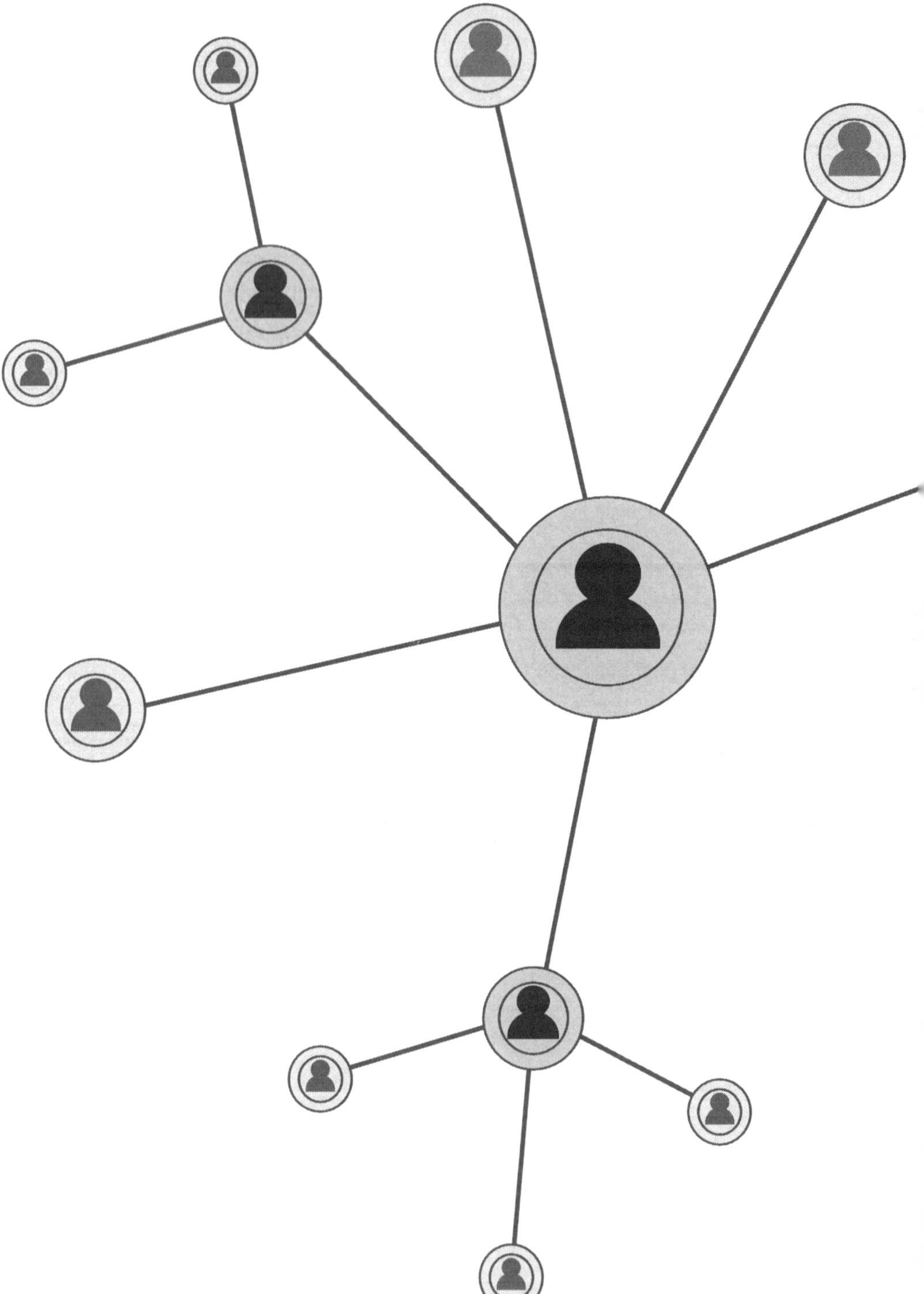

20

Consciência
Um desenvolvimento positivo

Thati Correia

Thati Correia

MasterCoach e mentora holística sistêmica com certificações Sistema ISOR®.

Palestrante, tributarista e educadora financeira. Analista de Perfil Comportamental certificada Everything DiSC®. Thetahealer®, terapeuta quântica, numeróloga cabalística e astróloga. Fundadora e diretora tributária da Contact Assessoria Contábil e Empresarial. Cofundadora do Instituto THOR® de Desenvolvimento Humano.

Bacharel em Ciências Contábeis – Uniso.

Tecnóloga em Análise e Desenvol. de Sistemas – Universidade Anhembi Morumbi.

Alquimista e Radiestesista – Instituto Sutilizar (IHSA).

Thetahealer® Advanced – ThetaHealing Institute of Knowledge (THinK)®.

Astrologia e Numerologia Kabbalística – Escola de Kabbalah.

Consciência
Um desenvolvimento positivo

Um novo tipo de consciência está nascendo, despertando e se adaptando às necessidades sociais, pessoais, culturais e corporativas. E, como tudo que está em crescimento e desenvolvimento, é primordial e necessária a atenção de cada indivíduo, pois à medida que cada um vai adquirindo e desenvolvendo maior consciência, torna-se menos predizível.

Está mais do que provado cientificamente que todo ser humano é inteligente e capaz de aprender qualquer tipo de técnica, executar tarefas, se condicionar a normas e padrões. As questões principais são: o quanto cada pessoa está realmente desperta, presente e vivenciando cada tarefa que realiza? O quanto sua mente está equilibrada entre seu estado físico e emocional? O quanto está liberto para atuar e trabalhar com sua intuição, sensação, de forma plena para inovar, criar, se desenvolver e se relacionar com o próximo?

Podemos dizer que existem vários atributos e estilos de lideranças que já foram apontados, tais como: ter objetivos claros, conhecer-se como pessoa e como profissional, não ficar na zona de conforto, estar disposto a mudanças, praticar novos comportamentos, ter atenção plena a tudo que acontece ao seu redor, enfim, poderia citar uma lista gigante de cada ponto, porém, mesmo com todas essas adaptações, mudanças e inovações que já aconteceram e ainda acontecem, a maioria das pessoas não estão felizes e realizadas em seus trabalhos, profissões, cargos e até mesmo na vida pessoal.

Está cada dia mais comum ouvir dizer, seja através de notícias, pesquisas ou até mesmo no momento em que estamos tomando um simples café na padaria, que a maioria das pessoas estão insatisfeitas com o seu trabalho, o que as torna cada vez mais ansiosas, desconfortáveis, com fobias, *burnout* (distúrbio da mente, esgotamento físico e mental) e até mesmo a famosa depressão, que hoje podemos dizer que se tornou o "mal do século". Segundo a OMS (Organização Mundial da Saúde), será o mal mais incapacitante do mundo até 2020.

Todas as empresas têm uma missão em sua existência, um pilar, um propósito e uma razão de existir, papel esse definido através da forma como desempenha seus negócios e o quanto traz de benefícios à sociedade. Assim também é a vida humana, temos um motivo para estarmos aqui, um propósito, uma missão a ser cumprida para nosso processo de evolução espiritual, afinal, somos seres de luz vivendo uma experiência humana. A nossa missão de vida deve e precisa estar em concordância com o nosso trabalho, com nossos princípios e com nossas virtudes para que não ocorra toda essa turbulência em nossa mente, os conflitos internos, a insatisfação e aquela sensação de vazio constante, mesmo quando "aparentemente" temos tudo que achamos que precisamos.

Nesta nova era, a era de Aquário, o universo nos desafia a nos aprofundarmos em nossa mente e emoções, em que o corpo físico atua como sobrevivente e procriador e nosso corpo espiritual atua com nossos valores, virtudes e sabedoria.

Como podemos vivenciar e experienciar esse novo desafio?

O universo corporativo e o ser humano

Manter um profissional ativo, produtivo e engajado são missões dos líderes das empresas. Dizem que uma boa gestão pode ajudar a empresa a conhecer e auxiliar seus colaboradores com as questões que os afligem dentro e fora do horário de expediente, trazendo maior satisfação para o ambiente de trabalho, o que gera um clima positivo.

Se partimos do princípio técnico de que gestão é o ato de administrar, gerir pessoas, procurando manter a sinergia entre elas e a estrutura das empresas, como fazer isso se cada ser humano sente, acredita e decide aquilo que lhe convém através dos seus princípios e pontos de vista?

Quando falamos de grandes empresas, muitas inovações já aconteceram e continuam a ser desenvolvidas pela área de Recursos Humanos, oferecendo novas chances e benefícios à sua equipe, tais como as famosas salas de descompressão: sala de descanso, de jogos, de massagem, onde tudo isso funciona para gerar o bem-estar de cada colaborador, proporcionando relaxamento, descanso, lazer e assim poder trabalhar com toda a energia e desempenho que a empresa necessita.

Porém ao olharmos para as micro e pequenas empresas, que são responsáveis, em média, por 57% dos empregos gerados, essa ainda não é uma realidade, pois o pequeno empresário atua em diversos setores da empresa. Ele precisa planejar e conhecer o mercado de atuação, aumentar as chances de sucesso, aperfeiçoar os produtos e serviços, sobreviver no mercado e, ainda sim, gerir sua equipe, capacitando, gerando benefícios, tudo isso sem nenhum apoio do governo nem investimento de organizações financeiras.

A maneira como o ser humano hoje adquire conhecimento é através de uma visão materialista, lógica, racional e utilitária, distorcendo as coisas, e muitos princípios e virtudes se tornam meras técnicas mentais para ganhar dinheiro, fama, clientes, vaga de emprego, promoções etc. Todavia nós podemos viver sem tecnologia, sem energia elétrica, sem carros, sem celulares etc., mas não podemos, de forma alguma, viver sem o ser humano, realmente HUMANO.

E qual o real valor de um ser humano nos dias de hoje?

A Psicologia moderna está acessando a mente do ser humano ao analisar em cada um os seus traços, a maneira como anda, a maneira como senta, pela contração facial e labial e até mesmo a grafologia, inclusive há empresas que realizam esses testes antes de efetuarem a contratação, pois tudo que fazemos é um reflexo de como estamos mentalmente. Toda mudança, adaptação, renovação tem que ser atuada na fonte, na origem, nos padrões mentais, na forma de pensar sobre si próprio, pensar a vida e pensar no próximo e tudo isso é possível, porque não somos uma realidade dada, condicionada pelo ambiente em que vivemos, nós podemos ser qualquer coisa, podemos nos sobrepor a tudo isso.

Portanto, trabalhar em um lugar limpo, bonito, agradável, em contato com a natureza é muito importante e necessário sim, porém, essa ainda não é uma realidade de acesso a todos, e quando atuamos, trabalhamos com qualquer coisa que nos traga uma intensa satisfação pessoal, as adversidades são facilmente superadas e o nosso propósito é alcançado, trazendo aquela feliz sensação de missão cumprida e sucesso atingido.

Desenvolvendo a consciência

Consciência é a capacidade de incluir tudo na nossa vida e na nossa mente sem julgamento. Ter a disposição de estar totalmente consciente e presente em todas as áreas de nossas vidas, com a habilidade de continuadamente despertar para novas possibilidades, escolhas e formas de vida.

Muitas coisas não acontecem da forma que queremos e desejamos que aconteça simplesmente porque não damos sentido a sua existência, por exemplo: muitos líderes perguntam "Por que os colaboradores não fazem o que é certo ou o que é requisitado?" No entanto, a pergunta correta deveria ser "Por que os colaboradores devem fazer o que julgamos que é certo e o que requisitamos?"

Leon Tolstói já dizia: "Há quem passe por um bosque e só veja lenha para sua fogueira".

Ser um líder está muito além do que guiar uma equipe, mas sim na arte de servir essa equipe, de se conectar com cada membro que a ela pertence, o **Porquê** cada um foi escolhido e escolher para fazer parte dela e **Para Quê**.

O Princípio da Vida não é uma técnica e não podemos defini-la como uma forma técnica, mas sim viver sua utilidade, pois as coisas não surgiram para satisfazer nossos desejos, devemos observar o que cada coisa nos ensina, olhar com olhos direcionados para esse ensinamento, pois a VIDA não é simplesmente uma meta.

Não precisamos nos adaptar para poder estar presentes em algum lugar ou grupo, porque o homem consciente da sua essência domina a matéria que é uma mera ilusão projetada sobre o mundo.

A sabedoria interior tem todas as respostas para tudo que se deseja criar e vivenciar e sua mente lógica tem as justificativas para tudo que você faz. É como quando se toma um simples copo de água, quando sua sabedoria interior faz com que você sinta cada gotícula do que está bebendo, envolvendo as células do seu corpo, trazendo aquela incrível sensação de frescor, matando sua sede e renovando suas energias. No entanto, sua mente lógica vai dizer que você bebeu água para hidratar e desintoxicar seu corpo, levando as toxinas das células para os rins, transportando oxigênio, nutrientes e outros componentes para suas células.

Como trabalhar as divergências entre mente lógica e sua sabedoria interior?

Liderando com consciência

Liderar é a arte de gerar empatia entre as pessoas envolvidas no processo, porém, para que isso ocorra, para que as pessoas possam efetivamente se conectar e criar a sinergia entre elas, cada indivíduo precisa conceder, permitir ao outro se conectar a ele.

Em algum momento da vida o desenvolvimento humano deixou de ser o foco e passamos a desenvolver coisas, e isso é a projeção do nosso egoísmo, materializamos coisas, excluímos Deus e excluímos nossa vida.

Existem pessoas, líderes, executivos que têm uma capacidade mental enorme, uma criatividade ímpar de dominar o universo corporativo, trabalham 20 horas por dia, com o nível máximo de atividade mental, explosivo, motivado, superando obstáculos e desafios. Mas com todo esse orgulho, egoísmo e vaidade o que efetivamente se projeta no mundo são meras matérias temporárias, que em pequeno espaço de tempo estarão defasadas, pois não há uma mudança significativa na humanidade, isso se não gerar perdas, sejam elas familiares, financeiras, de saúde ou qualidade de vida. Essa concentração, imaginação, canalização de formas mentais sem purificação, sem humanização, pode gerar um gênio que produz desastres, com deformação de caráter e sem valores espirituais.

Temos que nos conectar uns aos outros, caminhar pelo bosque apreciando cada flor, cada planta, cada árvore que ali se encontra. Que aroma cada membro da sua equipe está exalando na sua empresa?

O valor pela verdade, pela sinceridade, ser a pessoa que você é sem precisar fingir algo para se tornar mais importante, criar um compromisso com o que se quer fazer ou com o que se faz, afinal, ao criar esse compromisso se criam elos, se criam vínculos, pois quando não nos comprometemos não existe uma maturidade alcançada, trabalhar no mais ou menos não nos permite enfrentar as dificuldades encontradas, alcançadas e ultrapassá-las.

Nós temos que entender as mensagens que estão sendo ditas, mas primeiramente temos que compreender o que não é mensagem, por exemplo, falar que alguém precisa trabalhar e que o trabalho é bom. Dizer essa frase para alguém não é transmitir conhecimento, pois se trata de uma frase muito genérica, pois preciso trabalhar por quê? O que é bom nisso? Que tipo de trabalho? Comer, dormir, assistir a um jogo etc. também é bom, ou seja, isso não é ensinamento, é apenas uma frase vaga, uma frase solta, talvez uma frase que inspire você a trabalhar, mas não passa disso.

Precisamos ter clareza de nosso propósito, nossa missão de vida. Descubra a verdade que está no seu coração.

Vivendo com consciência

Viver com consciência é estar presente em sua vida a cada instante, sem julgamento sobre você ou outra pessoa, recebendo tudo, sem rejeitar nada e poder criar e cocriar tudo o que deseja, é ser o começo de algo novo, modelar sua percepção do mundo ao redor de si, e com isso lidar com ele de uma forma efetiva de acordo com seus princípios, virtudes e propósitos.

Despertar para mais possibilidades, mais escolhas e mais vida, definir um propósito de aonde quer chegar, o que deseja alcançar e dispor de toda energia necessária para a trajetória.

Podemos escolher o lugar que nos pertence, incluindo tudo apenas estando presente no aqui e agora, pois o passado e o futuro não existem.

"Para ver muita coisa é preciso despregar os olhos de si mesmo."

Nietzsche.

Seja muito bem-vindo à arte da vida, viver diante de tantas diferenças, conceitos, culturas, pensamentos e ações. Ser um ser humano é navegar nos pensamentos, emoções e sentimentos. Descubra e viva com consciência, descubra o seu:

PARA QUÊ?

UM LIVRO MUDA TUDO

REGISTRE seu legado

A Editora Leader é a única editora comportamental do meio editorial e nasceu com o propósito de inovar nesse ramo de atividade. Durante anos pesquisamos o mercado e diversos segmentos e nos decidimos pela área comportamental através desses estudos. Acreditamos que com nossa experiência podemos fazer da leitura algo relevante com uma linguagem simples e prática, de forma que nossos leitores possam ter um salto de desenvolvimento por meio dos ensinamentos práticos e teóricos que uma obra pode oferecer.

Atuando com muito sucesso no mercado editorial, estamos nos consolidando cada vez mais graças ao foco em ser a editora que mais favorece a publicação de novos escritores, sendo reconhecida também como referência na elaboração de projetos Educacionais e Corporativos. A Leader foi agraciada mais de três vezes em menos de três anos pelo RankBrasil – Recordes Brasileiros, com prêmios literários. Já realizamos o sonho de numerosos escritores de todo o Brasil, dando todo o suporte para publicação de suas obras. Mas não nos limitamos às fronteiras brasileiras e por isso também contamos com autores em Portugal, Canadá, Estados Unidos e divulgações de livros em mais de 60 países.

Publicamos todos os gêneros literários. O nosso compromisso é apoiar todos os novos escritores, sem distinção, a realizar o sonho de publicar seu livro, dando-lhes o apoio necessário para se destacarem não somente como grandes escritores, mas para que seus livros se tornem um dia verdadeiros *best-sellers*.

A Editora Leader abre as portas para autores que queiram divulgar a sua marca e conteúdo por meio de livros...

EMPODERE-SE
Escolha a categoria que deseja

- ### Autor de sua obra

Para quem deseja publicar a sua obra, buscando uma colocação no mercado editorial, desde que tenha expertise sobre o assunto abordado e que seja aprovado pela equipe editorial da Editora Leader.

- ### Autor Acadêmico

Ótima opção para quem deseja publicar seu trabalho acadêmico. A Editora Leader faz toda a estruturação do texto, adequando o material ao livro, visando sempre seu público e objetivos.

- ### Coautor Convidado

Você pode ser um coautor em uma de nossas obras, nos mais variados segmentos do mercado profissional, e ter o reconhecimento na sua área de atuação, fazendo parte de uma equipe de profissionais que escrevem sobre suas experiências e eternizam suas histórias. A Leader convida-o a compartilhar seu conhecimento com um público-alvo direcionado, além de lançá-lo como coautor em uma obra de circulação nacional.

- ### Transforme sua apostila em livro

Se você tem uma apostila que utiliza para cursos, palestras ou aulas, tem em suas mãos praticamente o original de um livro. A equipe da Editora Leader faz toda a preparação de texto, adequando o que já é um sucesso para o mercado editorial, com uma linguagem prática e acessível. Seu público será multiplicado.

- **Biografia Empresarial**

Sua empresa faz história e a Editora Leader publica.

A Biografia Empresarial é um diferencial importante para fortalecer o relacionamento com o mercado. Oferecer ao cliente/leitor a história da empresa é uma maneira ímpar de evidenciar os valores da companhia e divulgar a marca.

- **Grupo de Coautores**

Já pensou em reunir um grupo de coautores dentro do seu segmento e convidá-los a dividir suas experiências e deixar seu legado em um livro? A Editora Leader oferece todo o suporte e direciona o trabalho para que o livro seja lançado e alcance o público certo, tornando-se sucesso no mercado editorial. Você pode ser o organizador da obra. Apresente sua ideia.

A Editora Leader transforma seu conteúdo e sua autoridade em livros.

OPORTUNIDADE
Seu legado começa aqui!

A Editora Leader, decidida a mudar o mercado e quebrar crenças no meio editorial, abre suas portas para os novos autores brasileiros, em concordância com sua missão, que é a descoberta de talentos no mercado.

NOSSA MISSÃO

Comprometimento com o resultado, excelência na prestação de serviços, ética, respeito e a busca constante da melhoria das relações humanas com o mundo corporativo e educacional. Oferecemos aos nossos autores a garantia de serviços com qualidade, compromisso e confiabilidade.

Publique com a Leader

- **PLANEJAMENTO** e estruturação de cada projeto, criando uma **ESTRATÉGIA** de **MARKETING** para cada segmento;

- **SUPORTE PARA O AUTOR** em sessões de videoconferência com **METODOLOGIA DIFERENCIADA** da **EDITORA LEADER**;

- **DISTRIBUIÇÃO** em todo o Brasil — parceria com as melhores livrarias;

- **PROFISSIONAIS QUALIFICADOS** e comprometidos com o autor;

- **SEGMENTOS:** Coaching | Constelação | Liderança | Gestão de Pessoas | Empreendedorismo | Direito | Psicologia Positiva | Marketing | Biografia | Psicologia | entre outros.

LIVRARIA MARTINS FONTES

amazon

AMERICANAS

leitura

livraria cultura

Livrarias Curitiba

Saraiva

Esperamos você para um café!

Entre em contato e vamos conversar!

Nossos canais:

Site: www.editoraleader.com.br

E-mail: contato@editoraleader.com.br

@editoraleader

Telefone: (11) 3991-6136 | (11) 98241-8608

O seu projeto pode ser o próximo.

Editora Leader